Titel: Nehmen Sie die Fünf !!

Autor: Alexander Schad

Untertitel:

Wie man ein Buch im Kopiershop schreibt?

Inhaltsverzeichnis:

Kapitel 1 (Vorwort)

Ich sitze im Kopierladen, hinter dem Tisch mit der Kasse, auf dem blauen Bürostuhl, und blicke durch das gegenüber liegende Schaufenster den Passanten hinterher.

Die einen eilen vorbei, den Blick stur geradeaus, andere watscheln wie Enten hintereinander her, den Kopf gesenkt - über irgendetwas sinnierend.

Hin und wieder grüßt mich ein Kunde, dieses Ladens, im Vorbeigehen.

In diesem Moment denke ich darüber nach, warum ich gerade jetzt hier sitze. Wie hat es das Schicksal geschafft, mich hierher zu bringen?

Ich stelle fest, dass mein Leben völlig kurios verlaufen ist. Es gab keine Highlights oder auch Erfolge. Hauptsächlich ging es um den Kampf ums Überleben. Ich muss dazu anmerken, dass ich wirklich eine Menge Scheiße erlebt habe. Deswegen schreibe ich dieses Buch ja. Die einen würden sagen: Er schreibt das jetzt um seine Geschichte aufzuarbeiten, nein – ich schreibe, weil mir das Geschehene durch den Kopf geht und vielleicht andere diese Erlebnisse auch interessieren und/oder vielleicht sogar helfen in schwierigen Situationen „kühlen" Kopf zu bewahren. Nun zu Mir:

Ich bin jetzt fünfunddreißig, und was hab ich bis jetzt geschafft? Ich bin Aushilfe in einem Kopierladen, auf 165 Euro Basis und Computer-Bastler, der privat seine Hilfe für ein paar Blumensträuße anbietet. Sicherlich bin ich froh diese Jobs zu haben, gerade in der heutigen Zeit.

Anderseits muss ich dazu sagen, dass das Schicksal es manchmal mit mir nicht gut gemeint hat. Ich hatte zwar gute Jobs, aber durchgehalten hab ich kaum etwas. War es Faulheit oder bloß Nicht-Können? Die andere Geschichte ist: Hätten wir vielleicht, durch unsere *richtige* Mutter, mehr Liebe und Fürsorge bekommen, wären wir unter Umständen andere Menschen geworden.

Wenn jemand behauptet, der Liebe Gott könnte einem mit Scheiße bewerfen, der hat Recht. Irgendwie scheint er mich getroffen zu haben. Es sind manchmal Sachen passiert, wo man sagen könnte, die würden nicht mit rechten Dingen ablaufen. Vielleicht hat ER mit mir auch was vor, wovon ich noch nichts weiß? „Man soll immer positiv denken!" sagt man, aber wenn sie erfahren, was mir so passiert

ist, werden sie mich vielleicht
verstehen.

Kapitel 2 : (Kindheit)

Ich wurde am 27.01.1970 im Hildesheimer St. Bernward Krankenhaus geboren.

Die erste Erinnerung, von der ich berichten möchte, dass ich neun Jahre alt bin und von meinem Zuhause. - Was man ein „Zuhause" nennen konnte. - Ich habe heute noch den Gestank des Kotes und des Urins, der mich tagtäglich umgab, in der Nase.

Hätte ich schon damals gewusst, was mich erwarten würde, hätte ich mir gewünscht, nie geboren zu werden.

Ich bin mit vier Geschwistern, einer täglich besoffenen Mutter und einem eher weniger anwesenden Vater, der technischer Zeichner war, in einer Zweizimmerwohnung, aufgewachsen. Gelebt haben wir Kinder von fast gar nichts.

Doch bevor ich meine Leidensgenossen, also meine Geschwister, näher beschreibe möchte ich noch kurz von unserem näherem Wohnumfeld erzählen:

Das Wohnzimmer war *äußerst üppig* ausgestattet: Mit einer grün gemauschelten Couch, einem wackeligen grünen Kachel-Holztisch und einem Fernseher der von morgens bis zum Sendeschluss lief. Zum Inventar gehörten dann noch zwei Hunde: Ein schwarzer Wolfspitz namens *„Bero"* und ein Rehpinscher namens *„Biggi"*. Letzterer hatte allerdings etwas durch eine „Spielaktion" von uns Kindern stark gelitten und drei gebrochene Beine davongetragen. Wie das mit den gebrochenen Beinen weiter verlief entzieht sich meiner Erinnerung.

Der Rest des ca. vierundzwanzig Quadratmeter großen Wohnzimmers war leer. Nebenan befand sich das Schlafzimmer, welches ich im Übrigen mit meinen Geschwistern teilte. Dieses bestand aus einem großen Schlafzimmerschrank und einem Ehebett, welches wir zum schlafen oder auch zum Bettnässen benutzten. Auch später, als man uns adoptierte nässten wir die Betten voll, aber dazu komme ich später.

Dann gab es noch ein Klo, wo ich mir die Scherbe einer Schnapsflasche, die Mutter aus Versehen fallen ließ, in den Fuß rammte und eine Küche, von der ich nichts mehr weiß. Wir lebten - besser vegetierten - vor uns hin. Weil uns keiner uns so richtig beigebracht hatte, zum Kacken aufs Klo zu gehen, brachten wir uns selbst bei, die möglichen Ecken einer Wohnung voll zu scheißen. Demnach sah man, die kleinen brauen Häufchen inmitten der gelben Flecke auf der hellgrünen Auslegeware, meistens im gemeinsamen Kinderzimmer, aber auch im Rest der Wohnung verteilt. Wir hatten uns an den Gestank schon lange gewöhnt und lebten damit. Ab und zu kam es dann auch mal vor, dass Mutter die Fäkalien dann wegmachte, wenn sie mal „Zeit" hatte oder das wir dann für die Exkremente verantwortlich gemacht wurden.

Ich komme nun zu den Menschen, die mich jeden Tag umgaben: Mein Bruder Enzo und ich stammten von einem Italiener ab, der aber gleich nach der Geburt verschwand. Der Rest der Familie: Ein Säugling namens Hakan und ein Mädchen namens Lale, waren von einem Türken. Soweit ich mich erinnere, haben wir den italienischen

Vater nur einmal zu Gesicht bekommen. Ich weiß zwar, dass wir mit ihm mal in einem Eiskaffee gewesen waren, aber mehr auch nicht. Noch heute hab ich solch grüne Kacheln im Kopf die dort an der Wand hingen.

Der türkische Mann danach war relativ oft zu Hause. Der nutzte dann die Zeit meine Mutter zu vögeln. Zu mehr, war er nicht zu gebrauchen! Zumindest als Vater, im ursprünglichen Sinne, hab ich ihn nicht kennen gelernt. Einmal hatte ich die beiden beim Vögeln erwischt: Ich kam pünktlich vom Kinderhort nach Hause, ging durch den Flur zum Wohnzimmer. Weil ich komische Geräusche hörte, schlich ich leise zur Zimmertür, öffnete diese einen Spalt breit und sah die beiden am Höckern, wie die Karnickel. Ich fand das damals sehr lustig; erzählte das natürlich auch gleich Enzo, der sich dann kranklachte.

Was dann nicht mehr so spaßig war, war der Umstand, dass der Türke eines schönen Tages, als meine Mutter nicht anwesend war, mich unter Drohungen zwang sein erregtes Glied, beschmiert mit Cola in den Mund zu nehmen. Er hatte vorher sein Geschlechtsteil in ein Glas getaucht und wollte so den Akt ausführen. Damals verstand ich das alles noch nicht. Ich war ja gerade mal neun Jahre alt. Und als ob das noch nicht alles war, einmal passierte es ihm, das sein Schwanz mir in der Badewanne in den Arsch rutschte. - *Kann ja mal passieren.* - Aber wie sollte ich mich wehren? Er drohte, wenn ich Mutter etwas erzählen würde, würde er mich schlagen. Also, hab ich es nicht getan. Sie können sich vielleicht vorstellen, dass ich diesen

Mann nicht übermäßig mochte. Soviel zu mir.

Auch mein Bruder Enzo hatte eine Pechsträhne: Wir spielten zusammen auf einem in der Nähe gelegenem Spielplatz als er die zwei Schäferhunde entdeckte, welche in einem Zwinger eingesperrt waren. Doch dummerweise hatte der Zaun des Zwingers ein mehr als kindskopfgroßes Loch. Wie es dahin gekommen war? Keine Ahnung. Und wie er es gemacht hatte, den Kopf dadurch zu bekommen, weiß ich bis jetzt nicht. Eins vergesse ich bis heute nicht: Die Schmerzensschreie.

Als ihn Nachbarn schließlich wegzogen, war ein Teil der Stirnhaut weggerissen und an der Brust klaffte eine riesige Wunde. Man kann es kaum glauben, aber das hat er überlebt. (Ich bin der Meinung, dass Sie Ihn fast durch das Loch gezogen haben musste.

Aber das alles ging so schnell, dass man die Aktion kaum mitbekam)

Die Hunde wurden nach dem Vorfall eingeschläfert und die Narben sieht man noch heute. Zu Lale gibt es nicht viel zu berichten, außer das ich weiß, dass sie heutzutage bei einer Familie in Hannover wohnt. Wie gern würde ich sie mal wiedersehen! Irgendwann werde ich sie mal suchen um zu sehen wie es ihr geht, nach all den Jahren.

Hakan war ein relativ ruhiges Kind. Er schrie fast nie und wenn dann nur vor Hunger. Wenn er brüllte, half auch mal ein Schluck Wasser aus der Babyflasche. Milch oder Tee gab es ja nicht. Was er jetzt macht, oder wo er wohnt, weiß ich nicht.

Als nächstes kommt noch unsere fürsorgliche, fast jeden Tag besoffene Mutter. Ja, sie war so um uns besorgt, dass sie nach dem Tod ihrer Mutter sich von Männern aushalten ließ und für die Mahlzeiten beinahe jeden Tag Pralinen mitbrachte. Es waren diese Pralinen, welche man bei Aldi bekommt und diese Mädchennamen hatten, wie *Desiree* oder so.

Die hatten wir dann für den gesamten Tag. Also Frühstück, Mittagessen oder Abendbrot.

Warum sie uns nicht einfach etwas Günstigeres besorgt hatte, weiß ich nicht. Oder vielleicht war es auch eine Art Bezahlung, welche sie von den Männern zugesteckt bekam; *Als Dank für treue Dienste.*

Manchmal war Brot im Haus, was uns half den Hunger zu stillen, denn man konnte ja Zucker darauf streuen. Tja, viel zu essen gab es nicht. Ich lernte in dieser Zeit auch Erbrochenes zu essen, weil der Magen die ewigen Pralinen nicht mehr vertrug, sie fast unverdaut wieder ausschied und man das Erbrochene probierte, weil die Schokolade ja noch drin war. Ein netter Geschmack war das. Ich hab ihn, nach all den Jahren, noch auf der Zunge.

Ich frage mich im Nachhinein: Warum konnte Mutter uns nicht einfach so was Günstiges wie Nudeln kochen oder anders: Wenn sie anschaffen ging, was tat sie dann mit dem Geld was sie verdiente? Oder verdiente sie gar nichts, sondern vögelte nur herum, um einen Mann für uns Kinder zu finden? Ich weiß nur, dass sie tagtäglich erst sehr spät und betrunken nach Hause kam. Das konnte man sich von Sozialhilfe nicht leisten.

Ein Erlebnis fällt mir, im Zusammenhang mit ihr, übrigens gerade ein: Es war ein lauer Abend. Wir hatten wieder mal, wie eigentlich jeden Tag, vorm Fernseher gesessen und Filme geschaut. Dabei stand das Wohnzimmerfenster offen. Plötzlich klingelte es an der Wohnungstür. Ich rannte nach vorn und öffnete diese vorsichtig einen Spalt. Davor stand meine Mutter, wie üblich besoffen, was ich daran erkannte, dass sie ganz schön schwankte. Sie sah mich, schob mich etwas grob zur Seite und rannte den Flur entlang, durch das Wohnzimmer ins Schlafzimmer, ging an den Schlafzimmerschrank und holte eine Gaspistole hervor. Diese hatte sie für Notfälle dort versteckt. Damit rannte sie zum offenen Wohnzimmerfenster, schoss ein paar Mal in die Nacht hinein, und brüllte:" Ich krieg euch, ihr Schweine!" Damit war die Sache erledigt. Sie schmiss das Fenster zu und setzt sich weinend auf die Couch. Wir saßen nur verdattert da und heulten auch vor Schreck. Warum sie das tat weiß ich nicht. Ich denke aber, dass es mit dem Tod ihrer Mutter zu tun gehabt haben musste. Wie wir später aus Berichten des Jugendamtes erfahren hatten, war sie kürzlich verstorben, und Mutter hatte sehr an ihr gehangen. Aber nicht nur das. Sie wurde von ihrer Mutter mit Geld versorgt, um uns über die Runden zu bringen, und da sie diese Versorgung nach dem Tode nicht mehr hatte, ließ sie sich aushalten. Manchmal tue ich ihr Unrecht, wenn ich sage, sie war eine schlechte Mutter, doch sie hätte die Hilfe des Jugendamtes doch annehmen können. Diese wollte sie aber nicht. Sie liebte uns so sehr, dass sie uns verkommen ließ. Als schließlich das Amt kam, um uns ins Heim zu stecken, sahen wir aus wie Kinder aus der dritten Welt: Vollkommen unterernährt.

Die Bäuche waren aufgebläht wie Ballons. Aber all das sah sie in Ihrem Suff nicht. Sie bekam auch nicht mit, dass ich zwischenzeitlich klauen ging, um Essen zu besorgen oder dass wir stanken auf Grund von nicht gewaschener Kleidung.

Tja, der Abtransport ins Heim. Ich erinnere mich noch relativ genau daran: Wir waren, zusammen mit Mutter, zu Hause. Der Türke war nicht anwesend. Es klingelte mal wieder. Mutter erhob sich von der Couch. Sie war diesmal nicht betrunken. Sie ging zur Wohnungstür und öffnete sie. Diesmal standen aber eine Beamtin des Jugendamtes und zwei Polizisten davor. Ich denke, sie ahnte, was los war. „Meine Kinder kriegt IHR nicht Ihr Schweine!" Brüllte sie die Wartenden an, noch bevor sie etwas sagen konnten. Die Polizisten stellten sich schon so hin, dass sie im Notfall eingreifen konnten. Die Beamtin aber versuchte Mutter zu beruhigen: „Ich komme vom Jugendamt Hildesheim. Ich möchte ihnen die Kinder nicht wegnehmen. Nachbarn haben uns geschildert, dass die Kinder unterernährt und verwahrlost aussehen, deswegen bin ich gekommen um sie mir anzuschauen." Mutter fauchte sie an: „Was gehen den Nachbarn meine Kinder an?" – „Wenn wir solche Hinweise bekommen, ist es unsere Pflicht, dem nachzugehen. Lassen sie mich bitte hinein." Entgegnete die Frau ruhig. Widerwillig nickend öffnete Mutter die Tür ein Stück weiter und ließ die drei Personen eintreten. Den Anblick, der sich ihnen dann bot, kann man sich bestimmt vorstellen. Wir drei waren neugierig nach vorn gelaufen und bekamen diese Unterhaltung natürlich mit. Als die Beamtin uns sah, bekam sie Tränen in die Augen. Mit einem Wink zu den Polizisten, befahl sie: „Einweisung!" Mutter konnte nichts mehr tun. Sie brach weinend zusammen. Die Beamtin drehte sich zu uns um, beachtete Mutter nicht mal weiter und sagte freundlich: „Kommt mal mit, ich werde euch jetzt erst mal versorgen." Damit schob sie uns aus dem Flur hinaus ins Freie. Wir wurden in einen großen Polizeiwagen verfrachtet. Was aus unserer Mutter wurde, haben wir nie mitbekommen. Irgendwie, nach all den Jahren, würde es mich interessieren, ich habe aber Angst vor der Konsequenz, vor Ihr zu stehen. Was würde ich ihr sagen?

Vielleicht lebt sie ja auch schon gar nicht mehr.

Kapitel 3 (Kindheit 2)

Das neue Zuhause war ein Kinderheim. Es nannte sich St. Ansgar und bestand aus vier Wohnblöcken, welche schon damals von zahlreichen Kindern verschiedenen Alters, bewohnt wurden. Die Umgebung war hügelig, schön grün und bewaldet, bot also entsprechend viel Platz zum Spielen. Schwester Ave, die Heimleiterin, war es, die uns am Tag der Ankunft in Empfang nahm. Mit mitleidigem Blick sah sie uns an, verwies uns auf die einzelnen Häuser, und sorgte dann dafür, dass wir erst mal richtig zu Essen bekamen. Ich muss dazu sagen, so etwas Gutes an Nahrung hatten wir glaub ich schon lang nicht mehr bekommen. Wir aßen so viel, dass uns bald schlecht wurde. Es war der Hunger von vielen Jahren.

Mein Bruder und ich wohnten fortan in Haus eins, während Lale Haus drei bewohnte. War das ein Geheul, als man uns trennte, bis wir schließlich mitbekamen, dass die Häuser ja in Wirklichkeit nur dreißig Meter auseinander lagen.

Ich muss anmerken, obwohl es ja ein Heim war, es war eine sehr schöne Zeit dort. Ich habe meine Mutter nicht vermisst. Mein Bruder und ich verbrachten die meisten Stunden draußen, auf einem aus Holz nachgebauten Schiff. Wir hatten eine Menge Spaß. Es war eine Schwester Gerhild, die Gruppenleiterin, welche sich um uns sorgte. Sie gehörte zu den freundlichsten und gütigsten Menschen, die ich jemals traf. Von Ihr gab es dann auch mal ein paar Mark als Taschengeld, aber auch den Ärger, wenn wir Mist gebaut hatten. Aber selbst die Schimpfe, die wir bekamen, war humaner als, das was wir erlebt hatten.

Dann wurde ich zwischenzeitlich krank. Ich litt an einer schlimmen Bronchitis. Die Folge war eine dreimonatige Kur auf der Insel Langeoog. Ich lebte mit einem Heimkumpel Michael B. zusammen auf einem Zimmer in einem Haus Sonnenschein. Abgesehen von der Krankheit war das, glaub ich, die schönste Zeit meines bisherigen Lebens. Man hatte nichts Besseres zu tun, als sich auszuruhen und Muscheln zu sammeln. Irgendwann war das dann auch vorbei, und es ging zurück ins Heim.

Nach ca. 1 Jahr Aufenthalt kam der Abschied von St. Ansgar und auch von Lale. Ich erinnere mich noch, dass es ein warmer Sommertag war. Um genau zu sein: Der Tag der offenen Tür fand am Sa. dem 26 Mai. 1979 statt; mit dem dazugehörigen Fest. Die einzelnen Häuser waren ausgeschmückt mit Luftballons und Luftschlangen. Es herrschte eine rege Aufregung vor Freude. Es waren kinderlose Eltern eingeladen, die dann durch die einzelnen Häuser zogen, um sich anzuschauen wie es in Kinderheimen zugeht. Oder um sich die Kinder zu betrachten. - *Fleischbeschau.* — Unsere späteren Eltern waren auch mit dabei, aber das sollten wir erst später erfahren.

Wir hatten uns für diesen Tag herausgeputzt, die besten Klamotten angezogen und einen Tanz einstudiert, welcher nach einer Musik von Jan Michele Jarre im Kreis getanzt werden sollte. Das klappte, nach meiner Meinung, hervorragend.

Der Tanz war zu Ende. Enzo und ich wollten gerade wieder in Richtung Fest wandern, da wurden wir von einem jungen, Pärchen freundlich angesprochen. Da alle Heimkinder ein Schild mit ihrem Namen vor der Brust hatten, war es nicht verwunderlich, dass die beiden uns gleich mit Namen ansprachen. Sie waren gekommen, um sich von uns das Heimgelände und unserer Haus, insbesondere unser Zimmer, zeigen zu lassen.

Natürlich hatten wir nichts dagegen, denn es war ja an diesem Tag unsere Aufgabe. Nebenbei betrachtete ich mir die beiden: Die Frau, welche sich mit dem Namen Monika vorgestellt hatte war etwas zierlich, der Mann mit

Namen Albert war von etwas größer und korpulenterer Statur. Alle beide waren freundlich und begleitet uns durch das gesamte Fest. Es wurde ein fröhlicher Tag. Im darauffolgenden Monat bedankten wir uns brieflich bei ihnen für ihren Besuch. Sie schrieben zurück und luden uns zu einem Schützenfest in Hildesheim ein. Wir wurden abgeholt und auch dieser Tag wurde wieder eine fröhliche Unternehmung.

In den Monaten danach gab es einen Briefwechsel zwischen diesem Paar und dem Jugendamt. Sie Schilderten die gemeinsamen Ausflüge und fragten an, ob es möglich sei, uns Kinder für ein Wochenende zu sich zu holen. Dagegen gab es nichts einzuwenden, also holte man uns von da an regelmäßig vom Heim ab.

(Übrigens wurde Lale dann, fast 2 Jahre später adoptiert. Erst viel später erfuhr ich, dass sie jetzt in Hannover lebt und studiert.)

Damit beginne ich die Geschichte der neuen Eltern.

Ich schrecke hoch. Wieder öffnet ein Kunde die quietschende Ladentür: „Wollte mal ein paar Sachen in Schwarz Weiß." Verärgert, dadurch beim Schreiben gestört zu werden, belle ich: „Nehmen Sie die VÜNF". - „Ja aber, ich hab doch noch nie Kopiert!?" Widerwillig wende ich mich vom PC ab, und meine, mit der Freundlichkeit einer Bulldogge: „Na, dann zeige ich Ihnen wie es geht!" Insgeheim denk ich: „Du hast doch bloß keine Lust dich selbst ran zu stellen"

Kapitel 4 : (Stiefeltern)

Sie hatten ein Häuschen, nahe der ehemaligen Grenze zur DDR, in einer kleinen Stadt, namens Duderstadt. Es war erst kürzlich gebaut worden, aber soweit fertig, so dass man es schon bewohnen konnte. Wir bekamen, in der oberen Etage ein Zimmer. Um mehr Platz im Kinderzimmer zu haben, bauten wir mit Albert zusammen, aus zwei einzelnen Betten, ein Etagenbett. – Sehr Praktisch – Hier schliefen wir nun und nässten die Betten voll. - Alte Macht der Gewohnheit. - Viel später erst, nach genug Spitzwegeichtee, waren wir davon geheilt. Ansonsten gab es in diesem Haus, noch ein Gästezimmer, welches gleichzeitig auch Schlafzimmer war. Dieses nutze Albert um an seinem Rechner Klausuren zu korrigieren. Ein großes

Badezimmer gab es außerdem. Unten befanden sich das große Wohnzimmer, daneben die Küche und ein Gäste-Klo. Das Highlight stellte der aus Mutterboden aufgeschütteter Berg, hinter dem Haus dar, da man so schön auf ihm herumturnen konnte. Dieser entstammte dem Aushub des Nachbarhauses. Dass wir hinterher aussahen, wie die Schweine, kann man sich bestimmt vorstellen. Aber das machte nichts, da zwar die beiden Elternteile meckerten, wegen der verschmutzten Sachen, es aber im Endeffekt trotzdem tolerierten.

Auch hier in Duderstadt verbrachten, mein Bruder und ich, die meiste Zeit draußen, oder mit einem Nachbarkind, namens Claudia. Sie war ein Nachbarkind in unserem Alter.

Die neuen Eltern erzählten uns, dass sie beide Lehrer an einem Gymnasium seien. Monika wollte jedoch mit ihrem Beruf aufhören, weil Kinderwunsch bestand. Doch da Sie keine eigenen Kinder bekommen konnten, wollte man welche adoptieren.

Zunächst war man also in der „Kennenlern-Phase". Es wurde besprochen, erst einmal die Wochenenden dort zu verbringen, später dann die Sommerferien. Das klappte ganz gut. Wir wurden, vom Heim immer mit dem Auto abgeholt. Es war zuerst ein R4, dann ein weinroter Passat. Zu meinem Bedauern bin ich autokrank, was sich so zeigte, dass das Wageninnere als Ziel für Kotzarttacken, genutzt wurde. Bis heute leide ich an dieser Krankheit und kann nur vorn als Beifahrer mitfahren.

Monikas letzter Schultag war übrigens dann DER Tag, als wir in den Herbstferien endgültig bei den neuen Eltern bleiben durften.

Duderstadt ist eine schöne Stadt. Die Häuser sind zumeist im alten Fachwerk Stil erbaut. Es gibt kleine verwinkelte Gassen und, typisch für sehr alte Städte, die schiefen Häuser, welche eng aneinander gebaut sind. Man kann aus der Luft gesehen sogar noch den alten Stadtkern erkennen. Ich erinnere mich noch, dass es dort ein wunderschönes Rathaus gibt dessen Glocke zur Mittagszeit verschiedenste Melodien läutete. Auch habe ich erfahren, dass wir dort in der Kapelle des Konviktes getauft wurden (Von einem Pastor P.) und zur Kommunion gegangen sind. Ich muss dazu sagen, dass die neuen Stiefeltern sehr gläubig sind, und wir also deswegen regelmäßig zur Kirche gingen; oder eher mussten.

Hier besuchten wir auch eine richtige Grundschule und nicht die des Heimes oder eines Hortes. Der Unterschied zwischen den Schulen ist zwar nicht groß aber halt doch bedeutend. Der erste Lehrer mit Namen Herr H. war streng aber gerecht.

Dann hieß es irgendwann, schon wieder Abschied nehmen. Diesmal von Duderstadt. Es ging hoch nach Norddeutschland. Mein Vater hatte eine neue Lehrerstelle, in Oldenburg bei Bremen, bekommen und wir mussten umziehen. Aber warum so plötzlich? Dafür gab es einen spannenden Grund: Durch einen Fehler des Jugendamtes war unserer richtigen Mutter dahintergekommen, WO wir uns aufhalten. Aber nicht nur das:

Durch einen rechtzeitigen Anruf erfuhren Albert und Monika, dass unsere Mutter versuchte, mit Hilfe eines Reporters, unseren Standort herauszufinden. So blieb Albert nichts weiter übrig, als so schnell wie möglich eine Lehrerstelle zu finden, zu der er versetzt werden konnte. Sommer 1982 hatte es dann mit der Stelle geklappt.

Doch dann zogen wir nicht zu *Viert*, sondern zu *Fünft* von Dannen: Irgendwann hatten nämlich unsere Eltern, eine Überraschung für uns.
Sie waren auf einen Säugling, aufmerksam gemacht worden welcher in Hildesheim, meiner Geburtsstadt, in einem Krankenhaus lag. Sie fragten uns, ob wir noch ein Schwesterchen haben wollten und wir sagten natürlich zu. Was hätte man da auch

anderes sagen sollen? Schließlich waren wir schon mal zu fünft gewesen. Gesagt getan. Eines Tages fuhren wir dorthin und hatten nach einigen Formalitäten, fortan noch eine kleine Schwester. Natürlich war der Schriftkram und Behördenschiss schon vorher mal geklärt worden.

Dieses Baby hatte aber noch keinen Namen. Also hab ich sie kurzerhand „Kathrin" genannt. Wie ich darauf gekommen bin? Keine Ahnung. Aber anscheinend hatte es allen gefallen, denn es blieb dabei.

Mit Kathrin zogen wir dann, wie schon gesagt, in den hohen Norden, in ein kleines Dorf namens Wahnbek. Dieses liegt neun Kilometer von Oldenburg entfernt und ist ein Ortsteil des drei Kilometer entfernten Rastede.

Sie hatten hier günstig ein Haus bekommen.

Es war ein echt, großes Gebäude. Im oberen Geschoss befanden sich ein großes Bad, drei Schlafzimmer und ein langer Balkon. Im unteren, die Küche, das Esszimmer und das riesige Wohnzimmer. Im Vorbau gab es dann noch Platz für eine Garage und zwei Zimmer, welche als Büro und Gästeraum benutzt wurde. Ringsherum führte dann noch ein Garten mit Springbrunnen in der Mitte, welche von großen Tannen und Fliederbüschen umsäumt war.

In diesem Haus bekamen wir Kinder zum ersten Mal jeder sein eigenes Zimmer, welches dann nach dem eigenen Belieben, gestaltet werden durfte. Ich schmückte mein Zimmer mit Postern damaliger Popsänger.

Hier hatten wir dann auch genug Platz für irgendwelche Beschäftigungen.

Damals war es noch LEGO, danach als wir älter waren, waren es Mädchen.

Nebenher angemerkt: Unsere Adoption war inzwischen auch überstanden. Eines Tages fragten unsere Eltern uns nämlich, ob wir für immer zu Ihnen gehören wollten. Wir überlegten nicht lange. Wir sagten zu. Ab dann hießen wir Alexander und Kathrin S. Enzo suchte sich den Namen „Thomas" etwas später aus.

Komme ich zur *Schulischen Bildung:*

In Rastede sollte ich zur Schule gehen. Doch die Klassenkameraden konnten mich, sowie ein Mädchen namens Monika (meine spätere Freundin) nicht in Ruhe lassen. Sie schlugen und traten uns während der Schulbusfahrten oder auch in der Schule selbst. Vielleicht lag es daran, das wir nicht ganz so modisch gekleidet waren wir andere zu der

Zeit. Es gab drei Kategorien für Kleidung, welche uns unsere Eltern vorschrieben: Sonntag, Schule und Freizeit. Die Modevorstellungen entsprachen dann aber wohl nicht denen anderer Schüler so passierte es, dass man halt gemobbt wurde und weinend nach Hause kam. Eine andere Sache war: Unsere Eltern waren sehr sparsam. Wir bekamen Taschengeld, in Höhe von fünfzig Pfennig die Woche damit wir sparen lernten; hieß es. Dieses haben wir dann aber Meist in Süßigkeiten umgesetzt. Und da man sich, von so wenig Geld nichts kaufen konnte, haben wir dann angefangen, Süßigkeiten oder Geld aus den Schränken der Eltern zu klauen. Schließlich mussten Sie dann alles in einem Haustresor unterbringen; und Ärger gab es dann mehr als Genug.

Na ja, um auf Rastede zurück zu kommen:

Ich denke mir, dass es auch mit daran gelegen hat, dass wir - ich sage mal - zu mager ausgesehen hatten, durch die vorher unzureichende Ernährung. Wir waren für unser Alter unterentwickelt, was dann häufig für Spott sorgte. Oder es lag an den Frisuren. Wir trugen einen typischen Stufenschnitt. Topf auf den Kopf gesetzt und ringsum geschnitten.

In Rastede lernte ich dann auch Yilmaz kennen. Er war Sohn einer streng gläubigen, kurdischen Einwanderer-Familie. Alles ganz nette Leute. Auch mit ihm habe ich viel Zeit verbracht. Auch später, als ich von den Eltern weg war, haben wir uns häufiger noch gesehen, aber ich komme vom Thema ab. Davon werde ich später berichten.

Der letzte Versuch für mich in Richtung Schule war dann nur noch die Haupt - und Realschule in Oldenburg. Hier lief es anders. Irgendwie waren die Schüler hier ruhiger, sie verstanden einen mehr. Oldenburg war ja eine halbe Großstadt. Hier hatte ich viele Freunde. Es waren gute Leute, muss ich heute sagen. Mit denen war ich viel auf Achse, war mal besoffen, hab zum ersten Mal gekifft und so weiter. Mit meinen damaligen Freuden hab ich echt eine schöne Kindheit/Jugend erlebt. Es gab zwar hin und wieder mal Ärger mit Jugendlichen, die Monika und mich ärgerten, aber es war hat nicht so gravierend wie in der letzten Schule.

Meinen Bruder Thomas lasse ich jetzt mal außen vor, da er eine bessere Laufbahn eingeschlagen hatte. Er hatte mehr Glück. Bei Ihm klappte es mit der Schule, genauso wie hinterher auch mit der Lehre. Mit ihm habe ich mich dann leider nicht mehr so viel beschäftigt. Jeder ging dann irgendwie seinen Dingen und Freunden nach.

Um zum Mädchen Monika zu kommen: Sie war meine erste richtige, ernsthafte Liebe, wie man diese von Teens erwartet. Sie war äußerst hübsch. Sie hatte mich von Anfang an verstanden. Wenn andere mich hänselten, was ja nun inzwischen seltener vorkam, stand Sie hinter mir. Auch hatte ich inzwischen an meinem Äußeren gearbeitet. Ich hatte Gel in den Haaren und trug Klamotten, welche ich mir zu Recht schnitt oder färbte, so dass sie in die Zeit passten. Nun sah ich nach meiner Meinung poppiger aus. Vielleicht hatte ich so ihr Interesse an mir geweckt. So kam es, dass wir irgendwann zusammen waren.

Mit Monika hatte ich eine wunderschöne Zeit damals. Ich erinnere mich noch daran, dass ich mit ihr häufig im Hallenbad in Rastede war, welches im Übrigen sehr zum Empfehlen ist, weil es abends so schön kuschelig beleuchtet ist und deswegen ein hervorragender Platz für Verliebte ist.

Hier kam es mal zu einer handgreiflichen Situation, wenn sie verstehen was ich meine. Aber mehr als ein bisschen Knutschen lief die ganze Zeit nicht. Wir waren beide zu schüchtern. Keine von uns traute es sich den anderen zu berühren.

Wir fuhren oft gemeinsam mit dem Fahrrad zu einer Reitschule. Hier übte sie auf einem schwarzen Gaul

Voltigieren, hatte auch schon mehrere Abzeichen bekommen. Ihr heimlicher Wunsch war es einmal ein Jockey zu werden, was häufig Stoff für ellenlange Unterhaltungen gab. Ja, es war eine tolle Zeit damals.

Doch eins muss ich leider meinen lieben Stiefeltern lassen. Wenn sie mir, wegen Ihr, nicht manchmal Steine in den Weg gelegt hätten, wäre wahrscheinlich aus uns beiden Mehr geworden. Aber angeblich schadete sie ja meiner Konzentration auf die Schule. Es gab Momente, in denen ich zu ihr wollte, aber nicht durfte. Oder wir hatten etwas vor, was nicht den Vorstellungen der Eltern entsprach und ich durfte wieder nicht. Ich wollte damals, wegen Ihr, einen Mofaführerschein machen durfte es nicht, obwohl ich günstig ein Motorrad hätte bekommen können. Oder Sie gaben mir kein Geld, womit ich hätte sie ins Kino oder zum Eis essen hätte ausführen können. NÖ, es gab nur das langweilige Hin - und Herfahren mit dem Fahrrad. In solchen Momenten hab ich die Eltern gehasst.

Doch diese Eltern hatten auch viele gute Seiten. Sie verreisten gern in den Ferien in den Urlaub. Was wir ja von unserer Mutter her gar nicht kannten. So kam es, das wir mal in Deutschland, oder auch im Ausland waren. Dadurch lernten man natürlich auch die „neuen" Verwandten kennen oder Freunde der Eltern. Ich muss mal anmerken, dass sie echt viele und vor allem nette Persönlichkeiten kennen.

Da Albert (Papa) ein Steinsammler war, und er den Urlaub gern zum Wandern und stöbern in den Geröll – Abhängen, verbrachte, lernten wir eine ganze Menge über Steine oder auch über Fossilien. Zum Schluss, hatten wir selbst eine kleine, wertvolle, Stein – und Fossiliensammlung. Wir verbrachten viele schöne Wochen, des Urlaubs, zusammen. Oder wir fuhren mit dem Fahrrad ins Moor, welches in der Umgebung von Wahnbek sehr verbreitet ist.

Interessant waren dann noch die Besuche der einzelnen Omas und Opas, Tanten oder Onkels.

Alberts Eltern, damals noch wohnhaft in Kassel, waren so freigiebig zu Kindern, dass es ihnen immer leid tat, wenn sie aus Versehen, keine Tafel Schokolade für uns hatten. Mit den beiden waren wir dann auch mal im Urlaub, in Spanien. Da Alberts Vater Geologe war, sich also mit Steinen bestens auskannte, bot es sich wieder mal an, diese zu sammeln. Monikas

Mutter, wohnte in Göttingen. Ihr Vater war, vor unserer Zeit, verstorben. Auch sie war ein nettes Persönchen. Bei ihr in der Wohnung roch es immer nach Sauerbraten. (Sie aß ihn halt so gern)
Unsere nächste Angehörige war unsere Schwester, Lale.
Ein paar Mal hatten wir sie in Lingen besucht. Gab das ein „Hallo" als wir uns zu ersten Mal, nach Jahren, wieder sahen! Ihr Aussehen hatte sich sehr zum Positiven verändert. Man sah nichts mehr von dem Hunger oder dem Leid aus der Kindheit. Sie hatte sehr nette Stiefeltern. Bei denen lernte ich übrigens, nebenbei, zum Frühstück, getoastetes Brot mit reinem Knoblauch zu essen. Man stinkt zwar hinterher etwas, ist aber eine feine, leckere Sache.

Um wieder zu unseren Eltern zu kommen: Also, sie kümmerten sich, schon, um unser Wohl. Vielleicht lag es auch an mir, dass ich nicht so viele Freiheiten hatte. Ich war zwar, durch ihre Hilfe, gut in der Schule aber dafür schlecht in den folgenden Lehrjahren. Wie ich schon anfangs sagte, waren es beide Lehrer, und sorgten, durch eine sehr gute Schulung, zu Hause, dafür das wir auch gut in der Schule waren. Aber hinterher in der Lehre konnten sie mir nicht mehr so helfen oder ich wollte es nicht. Ich versaute so einiges an Lehrstellen. Angefangen hatte ich als Bauhelfer. Hierfür war ich nicht kräftig genug. (3 Monate)Es folgte eine Lehre als Konditor. Hier hatte ich nicht das nötige Feingeschick. (3 Monate) Dann habe ich es als Decksmann versucht. (2 Monate)

Zum Thema Decksmann fällt mir mal
eben eine Story ein: Ich hatte, durch
das Arbeitsamt, eine Schulung in
Bremen mitgemacht, und war
hinterher so zusagen ein Decksmann.
Diese verrichten die Hilfsarbeit für die
echten Matrosen. Na ja, es ging es
dann auf ein Schiff, welches in Brake
vor Anker lag. Es war ein KÜMO.
Dieses Küstenmotorschiff fuhr immer
von Brake nach Schweden und wieder
zurück, an den Küsten entlang. Es
hatte Kohle geladen, die dann in
Schweden abgeliefert werden sollte.
Der Kapitän war ein freundlicher alter
Seebär, wie man ihn aus Büchern her
kennt. Mit rauer Stimme brummte er
die Befehle. Tja, so schön es auf dem
Schiff dann auch war, ich wurde
Seekrank. Ich kotzte, was der Magen
hergab; und das fast jedes Mal, auf
der vierzehntägigen Reise. An einem

Tag bekam das der Kapitän mit. Er befahl mir, ich solle mich oben, draußen auf der Kommandobrücke hinstellen und frische Luft einatmen. Doch wir hatten Windstärke 10, das hieß, man sah die vorrauslaufenden Wellen in einem fast Fünfundvierzig Grad Winkel.

Um mal leicht zu übertreiben.

Der Kapitän stellte einen Eimer neben mich und befahl:" So, jetzt kannst du kotzen!!" Die haushohen Wellen, die Gischt, die einem ins Gesicht spritzt und die andauernde Übelkeit: Ein „herrliches" Erlebnis. Na ja, auf Grund meiner Seekrankheit wollte er mich dann irgendwann auch nicht mehr. Ich konnte ja nur unzureichend Dienst verrichten.

Ich muss im Nachhinein zu diesem Job sagen: Die vielen Vergünstigungen (z.B. zollfreie Zigaretten) oder der heimliche Schmuggel von Schnaps (*Alkohol ist in Schweden verboten, konnte also nur geschmuggelt werden*) brachte mir eigentlich eine tolle Zeit.

Doch komme ich wieder zu den Eltern zurück:

Die lieben Eltern. Einmal hätte ich mich beinahe mit meinem Vater geprügelt. Ich weiß zwar den Grund nicht mehr, aber ich lag, an diesem Tag, heulend in meinem Zimmer, als er zur Tür hereinkam. Aus irgendeinem Grund, war ich sauer auf Ihn und wollte ihn schlagen. Ich erhob meine geballte Faust, er aber sagte nur:" Tu es, mach es." Ich hab's bleiben lassen; wahrscheinlich aus Angst vor ihm. Ich muss sagen: Damals konnte man Angst vor ihm haben. Wenn er aus Wut zuschlug und das kam öfter mal vor, blieb kein Auge trocken. Man flog vom Esszimmer ins Wohnzimmer. Nicht dass sie jetzt denken, er war gewalttätig, NEIN: Oftmals war es die Eigene Doofheit, die Ihn dazu brachte. Was lässt man sich zum Beispiel dabei erwischen, bei Woolworth klauen zu gehen!? – Es waren wieder mal Süßigkeiten – Oder, warum bricht man in Glaskästen ein, lässt sich dabei zusehen und stiehlt daraus die Glasperlen? Ich fand die halt so schön bunt!

Wenn Monika zuschlug, was recht selten vorkam, musste ich hinterher heimlich lachen. Sie nahm dann immer die geballte Faust und schlug damit auf den Hintern. Doch sie hatte keine Kraft dahinter. Also brachte das gar nichts. Es war manchmal wirklich zum Lachen, wie sie sich anstrengte.

Abgesehen von Prügel, gab es viel häufiger die Diskussionen. Darin waren die Beiden Meister. Wir saßen

mitunter drei bis vier Stunden
zusammen, nur um sich Predigten
anzuhören die ein Einziges Problem
lösen sollten. So nach dem Motto:" Du
bist an dieser Sache selbst schuld.
Hättest du dies anders getan, wäre es
anders gelaufen, oder wäre die Sache
anders gelaufen, hättest du noch mehr
Schuld." Sie verstehen? Ich auch nicht.
Aber ich meine damit, man hätte viele
Gespräche einfach abkürzen können.
Das und das Viele, was man nicht
durfte, obwohl man schon alt genug
dafür war - wie z.B. das Rauchen
(Albert hat mir am achtzehnten
Geburtstag ein Paket Tabak
weggenommen) bewog mich dann aus
dem Elternhaus, abzuhauen. Der
Knackpunkt war ein Tag, als ich zur
Disco wollte. Ich sollte, mit Achtzehn,
um Zweiundzwanzig Uhr zu Hause sein.
- In den Discos geht es um die Zeit

doch erst richtig los - NEIN es hieß: Diese Uhrzeit, gepaart mit einer ellenlangen Predigt darüber, was einem alles passieren würde können. Da reichte es mir. Ich stimmte zu, nahm mir aber vor, einfach länger weg zu bleiben.

Tja, an jenem Abend war ich in besagter Disco, erlebte einen schönen Abend und blieb dann aber ganz weg. Ich hatte einen Freund getroffen, der mich mitnahm zu sich. Ich durfte erst mal bei Ihm übernachten. Damit war ich von zu Hause weg.

Kapitel 5 : (Jugendlich)

Nun war ich also weg und lebte hervorragend damit. Ich hatte noch nicht einmal ein schlechtes Gewissen. Mein Kumpel, der mich mitgenommen hatte, hatte leider keinen Platz weiterhin für mich, also verwies er mich auf einen andren Typen namens Klaus und seiner Freundin Sabine. Bei diesen durfte ich dann, nach kurzer Absprache, wohnen. Es war eine Zweizimmer Wohnung, in dessen sich nichts anderes befand, als ein Schlafzimmer mit großes Ehebett, ein Wohnzimmer mit Couch und dazugehörigen Tisch und eine kleine Singleküche im gleichen Raum. Ich durfte auf der Couch pennen. Wir haben uns drei, auch auf engen Raum, prächtig verstanden. Das was uns verband, war der Umstand, dass ER

Keyboardspieler war. Er konnte, rein aus dem Gehör, die Melodie von BEVERLY HILLS COP nachspielen. (Axel F) Demnach wollte ich damals auch spielen lernen. Also übte ich entweder auf seinem Keyboard, oder ging ins nächste Musikgeschäft und vergewaltigte die Ohren der Ladenbesitzer mit meinen schrägen Tönen. Dabei stellte ich fest, dass ich auch ein Gehör für Töne habe. Also waren die Töne, welche diese Geräte *später* rausbrachten, auf einmal nicht mehr so schräg. Man muss sich bloß konzentrieren. Komme ich wieder zu Klaus und Sabine zurück:

Ich wohnte jetzt schon, eine Zeitlang, bei den Beiden, als es eines Tages an der Tür klingelte. Ich dachte Klaus wäre nach Hause gekommen, als ich sah, wer da an der Tür stand... Es war mein Vater. Wir guckten uns beide, für ca. drei Sekunden, tief in die Augen, bis dann schließlich seinerseits ein „Hallo" ertönte. Noch ganz verdattert, über seinen Auftauchen, konnte ich nur fragen, wie er mich gefunden hatte. Er hatte es durch Kumpels, von meinem Bruder, erfahren. Die hatten ihm erzählt, dass sie mich in der Disco gesehen hatten. Dadurch hatte er mich nach und nach entdeckt. So standen wir da also, und keiner wusste was er sagen sollte. Dann bat ich ihn hinein. Zwischenzeitlich viel mir auf, das unten an seinen Füßen ein großes Paket stand. Um das ging es dann auch. Es war Geschirr. Ein Kaffee – und Mittagsservice. Er sagte:" Da wir es sowieso nicht ändern können, dass du ausziehst, möchten wir dir ein wenig behilflich sein." Mehr nicht. Mehr nicht? Keine Predigt darüber, dass ich abgehauen war? Verdattert bedankte ich mich bei ihm, er drehte sich um und war im Begriff zu gehen, stockte dann aber:" Du hast noch ein paar Sachen, bei uns, wenn du irgendwann mal Zeit hast kannst du dich gern sehen lassen." Er ging.

Ich hatte gleich am nächsten Tag Zeit. Normalerweise, war ich gewohnt, hinten rum durch den Rücheneingang zu gehen, doch an diesen Tag klingelte ich brav vorn an der Haustür. Monika (Mama) öffnete die Tür. Sie lächelte als sie mich sah. Doch konnte ich auch ihre sorgenvollen Augen sehen. Sie bat mich hinein und sagte gleich darauf hin, dass Papa nicht zu Hause sei. Es war irgendwie komisch. Alles kam einem bekannt vor und doch fühlte man sich wie in der Fremde. Irgendetwas schien sie zu erwarten, vielleicht eine Entschuldigung? Ich erklärte ihr, wo ich jetzt wohnen

würde, aber sie wusste schon alles:"
Wenn du dich da wohler fühlst, als bei
uns, dann sei es dir gegönnt", meinte
Sie. Ich hatte das Gefühl, ihr erklären
zu müssen, warum ich abgehauen war,
doch es gelang mir nicht die Worte
rauszubringen. Schließlich ging ich
hoch in mein Zimmer. Ich wollte ein
paar Klamotten und andere
Habseligkeiten zusammensuchen. Als
ich das Zimmer wieder sah, fühlte ich
auf einmal diesen Schmerz, des
Abschiedes. Ich schluckte innerlich.
Dann suchte ich die Sachen zusammen,
und ging wieder nach Unten. Papa war
inzwischen auch nach Hause
gekommen. Als er mich sah, sah ich
zunächst ein Stück Verärgerung in
seinen Augen, welche aber fast sofort
wieder verflog:" Ach Alex gut das du
kommst", meinte er ernst. „Ich wollte
mit dir über den Bausparvertrag

sprechen." Jetzt viel es mir auch wieder ein. Ich hatte damals, nach Anraten der Eltern, bei einer der angefangenen Lehrstellen einen Bausparvertrag geschlossen und monatlich, von meinem Gehalt, etwas drauf gewiesen. So war eine Summe von ca. Dreihundert DM zusammengekommen, und diesen Vertrag wollte jetzt mein Vater für mich auflösen. Gute Idee: Weil Geld konnte ich meiner Situation gut gebrauchen. Gesagt getan.

Ich nahm meine sieben Sachen und wir fuhren in die Innenstadt von Oldenburg, zum Versicherungsmakler. Unterwegs haben wir uns dann, relativ ruhig, über meine Flucht von zu Hause, unterhalten. Nachdem alles erledigt war und er mich bei meinen Kumpels wieder abgesetzt hatte, sagte er noch:" Du kannst jederzeit, wenn du

Probleme hast, zu uns kommen." Diese
Worte habe ich ihm hoch angerechnet.
Dann fuhr er von dannen. Ich war
danach öfter mal zu Hause, um die
Eltern zu besuchen. Es kam zwar auch
vor, dass ich mich lange Zeit nicht
meldete, aber irgendwann schrieb ich
wieder Briefe, so dass sie immer
wussten wie es mir erging. Komme ich
zu Klaus zurück.

Ich wohnte noch eine Zeitlang bei Ihm
und seiner Freundin, bis ich schließlich
wieder einen guten Freund kennen
lernte, mit Namen Lars. Ich war
inzwischen Neunzehn.

Ach, eine schöne Geschichte fällt mir
gerade zu Klaus noch ein: Es war einer
der schönen Nachmittage, wo man sich
richtig gut unterhalten hatte, so wie
es Freunde halt tun. Es klingelte,
davor stand ein junges Mädchen. Da
Klaus sie herzlich begrüßte ging ich

davon aus, das man sich kannte. Auch ich wurde Ihr vorgestellt. Ihr Name war Susan'. Sie war neunzehn, so wie ich. Als ich sie sah, machte es „BUMM", und ich war verschossen. Anscheinend war ich ihr auch nicht ganz unsympathisch. Sie klimperte mit ihren niedlichen, blauen Augen, und fing an mich kräftig Anzugraben. Sie erzählte, das sie aus Kassel käme und dort für ihren Ex-Freund hatte, anschaffen gehen müssen, bis es ihr gereicht hatte, und nach Oldenburg abhaute. – „Auch eine schlimme Kindheit" dachte ich.

Doch, es blieb aber nicht, bei einem Gespräch, mit Ihr. Klaus und seine Freundin, hatten irgendwie was gemerkt, denn sie verzogen sich plötzlich nach draußen; müssten was erledigen hieß es. Dann ging es los. Sie zog mich ins Schlafzimmer, stürzte sich über mich, und ich hatte den heißesten Sex, meines Lebens. Das war übrigens mein erstes Mal. Ich war „entjungfert" worden.

Doch das schönste kommt noch: Als Klaus, begleitet von seiner Freundin wieder nach Hause kam, ging er ins Schlafzimmer, nestelte an irgendwas rum, und kam mit einem Kassettenrecorder wieder. Da hat dieser Arsch doch tatsächlich, unseren Sex aufgenommen. Es war so richtig das Stöhnen, drauf zu hören. Mann war das peinlich, und alles lachte sich halb schlapp. Klaus muss wahrscheinlich geahnt habe was los war und hatte den Recorder vorsorglicher Weise angestellt. – Ganz Toll.

Seit dem war ich also mit Susan' zusammen. Monika habe ich noch, in der Zwischenzeit versucht, brieflich, zu halten, aber in einer Antwort, kam dann ein „AUS". Sie hatte zu viel mit ihren Pferden zu tun, sie wollte ja sowieso Jockey werden. Komme ich endlich zu Lars:

Dieser wohnte eigentlich in Garrel, bei Cloppenburg, ca. dreißig Kilometer von Oldenburg entfernt, kam aber öfter mal, bei Klaus, zu Besuch. Sie kannten sich schon seit Jahren. Auch er erfuhr von meiner Geschichte. Er lud mich dann zu sich ein, damit ich auch mal seine Mutter kennen lerne, welche genau das Gegenteil von strengen Eltern sein sollte. Er beschrieb sie als kleine rundliche Person und dem Gemüt eines Elefanten. Absolut Gutherzig. So lernte ich eines Tages dann Marlies kennen. Ich weiß nicht, warum mich alle, die ich kennen lernte, einluden, bei sich zu wohnen, aber bei Ihr war es dann auch der Fall. So kam ich dann nach Garrel. Hier ging es mir erst mal so richtig gut. Ich meine nicht, dass es mir bei den vorherigen Freunden schlecht ergangen wäre, Gott bewahre, aber hier lernte ich erst mal was Mutterliebe bedeutet. Marlies war eine umsorgende Mutter, die Ihren Sohn, so dann auch mich, mit Liebe versorgte, wo es nur ging. Obwohl sie fast gar nichts besaß. Sie lebte von Sozialhilfe. Manchmal konnte sie noch nicht mal den Strom bezahlen, was dazu führte, dass man per Adapter, den Fernseher über Autobatterie laufen ließ. Oder sie drehte Zigaretten, aus Tabak, der aus Zigarettenstummeln gewonnen wurde. Sie hatte wirklich kaum etwas. Doch das Wenige, was sie besaß, teilte sie noch. Irgendwann ging ich selbst zum Sozialamt und beantragte Hilfe zum

Lebensunterhalt. Ich erhielt die normale Hilfe zum Lebensunterhalt und zum ersten Mal einen Kosten - Übernahmeschein für eine Einzimmerwohnung. Nun muss ich noch kurz Eins anfügen: Marlies, und ihr Sohn Lars, wohnten in einem Haus, welches ehemalig ein Schweinestall gewesen war. Man konnte es noch im Grundbuchamt nachlesen. Er war umgebaut worden. Es wurden einfach ein paar Wände gezogen, ein zweites Geschoss eingebaut und schon hatte man ein fertiges Wohnhaus. Sie lebte unten, auf zwei Zimmer.

Ich bat nun, den Besitzer des Hauses, da er gleich neben an im Haupthaus wohnte, dass er mir ein Zimmer, oben im anderen Haus vermietet. Ein mürrischer alter Mann war das. Aber ich bekam es nach einigem Hin und Her zumal ich ihm erzählte, dass er die

Miete ja regelmäßig vom Amt bekommen würde. So hatte ich nun meine erste *eigene* Wohnung. Das Zimmer war schon Möbliert.

Falls man *möbliert* sagen konnte. Es bestand aus einem Sofa, welches zum Bett umgebaut werden konnte und einem wackeligen Holztisch. Strom, gab es hier nicht. Ich habe dann mit einem Nachbarn, der selten da war, die Vereinbarung getroffen, dass er mir für etwas Geld, eine Verteilersteckdose ins Zimmer legt, damit ich wenigstens Licht hätte. Außerdem schenkte mir Marlies, dann noch ein batteriebetriebenes Radio, welches mir dann, wenn ich abends mal einsam war, Unterhaltung bot. Doch ich war ja, dank Lars, selten allein. Wir konnten uns stundenlang, über irgendwas unterhalten.

Er war begeisterter Fan des Motorradsportes, so war das dann meist unser Thema.

Irgendwann lernte ich dann noch mehr Freunde von Ihm kennen. Es war eine, etwas heruntergekommene Familie, die ein paar Kilometer von Garrel entfernt wohnte. An ihre einzelnen Namen kann ich mich nicht mehr erinnern, aber ich weiß noch, dass es einen Vater gab, der begeisterter Hobbyfunker war und seine Frau welche fünf Kinder hatte. Eins ihrer Kinder, ein Mädchen, war fast genauso alt wie ich. Tja, und sie war nymphomanisch veranlagt. Das merkte ich dann daran, dass Sie mich plötzlich, nach mehreren Besuchen unserseits, fragte ob ich mit ihr schlafen wolle. Aber es musste heimlich geschehen, da ihre Mutter aufpasste, wie ein Schießhund.

Natürlich blieb es dann nicht bei einem Mal. Ich konnte sie einfach, sosehr ich mich anstrengte, nicht *satt* bekommen. Für kurze Zeit war ich dann mit Ihr zusammen. Jedoch die Fahrt jedes Mal dorthin oder andersrum zu mir, wurde uns irgendwann zu teuer, also entschied sie sich dann nicht mehr zu kommen und ich das ich nicht mehr hinfuhr.

Ein paar Tage später lernte ich schließlich wieder ein Mädchen, aber diesmal *aus* Garrel kennen. Sie war halt auch nur eine gute Bekannte von Lars.

Auch ihr Name ist mir entfallen. Mit ihr lief halt nur Petting, da sie noch Jungfrau war und zu viel Angst vor den Eltern hatte. Mit ihr war ich, genau einen Abend, zusammen.

Trotz dieser, zwischenzeitlichen Mädchen Geschichten, wich Lars nie von meiner Seite. Er war immer als Freund für mich da. Als dann eines Tages einer der Drückerkolonnen vor der Tür stand, und sie mich mitnahmen, hab ich ihn und Marlies nie wieder gesehen. Sehr schade eigentlich.

Ich stehe mal wieder vorm Rechner und tippe ein paar Zeilen an meinem Text herum, und bekomme nicht mit dass sich die Ladentür leise öffnet. „Das ist ein Überfall", bellt es hinter Mir. Aufgeschreckt und Irritiert drehe ich mich um. Vor mir steht, grinsend der „Lange". Ein langjähriger Kunde. „Blödmann" rufe ich grinsend zurück. Er meint:" Wollte bloß deine Reaktion testen…"

Kapitel 6 : (Drücker 1)

Angefangen hatte meine „Drücker" Arbeit völlig unspektakulär damit, dass *SIE* eines Tages vor der Haustür in Garrel standen. Marlies öffnete, davor stand ein etwas korpulenter, großer, junger Mann und leierte den Spruch herunter, der zum Abo eines Magazins führen sollte. Lars und ich kamen neugierig dazu und hörten alles mit an.

Nur muss ich kurz im Nachhinein erklären: Es gibt solche und solche Zeitschriftenvertreter. Wenn man sagt, dass man keine Zeitung haben möchte werden manche böse und stellen einfach den Fuß in die Tür. Andere dagegen bleiben ruhig und gelassen.

Von einer ruhigen Sorte war auch diese Person. Er erklärte, dass er damit sein Geld verdienen würde, um sich sein Studium zu finanzieren. Auch das war nur ein Spruch, aber das wussten wir nicht. Später erst, als ich selbst ein Drücker war, sollte ich die verschiedensten Tipps und Tricks des Verkaufsgespräches lernen.

Trotzdem wollten wir erst mal keine Zeitung. Marlies bot ihm dann, freundlich wie sie war, einen Kaffe an. Er meinte, zwar, dass er nur wenig Zeit hätten nahm das Angebot aber dann doch an.

Im Wohnzimmer angekommen stellte er sich mit dem Namen Oschi vor. Er hieß in Wirklichkeit Oliver, doch man nannte ihn halt so. Er war ein netter Kerl und Gruppenführer eine Kolonne von weiteren Jungs und Mädchen. Beim Kaffe erzählte er dann dass sie immer auf der Suche nach neuen Arbeitskräften seien und dass man eine ganze Menge an Geld verdienen könnte, würde man sich anstrengen.

Ganz begeistert hörte ich zu.

Jetzt im Nachhinein: Ich könnte mir heutzutage selbst in den Arsch treten, diesen Job überhaupt angenommen zu haben. Oschi schlug vor mich mal einen Tag, abzuholen und dann mit Ihm zusammen, diese Arbeit kennen zu lernen. Ich sagte zu. Er verabschiedete sich höflich und ich freute mich schon darauf die fette Kohle zu verdienen. Dass es anders kommen sollte, davon wusste ich ja nichts. Ein paar Tage später war es dann auch soweit. Durch das Wohnzimmerfenster beobachteten wir, wie ein weißer VW Bus vor unserem Haus parkte. Heraus kam Oschi gefolgt weiterer die dann rauchend, vor dem Bus herumstanden.

- Offenbar Raucherpause -.

Er klingelte wieder, sah mich grinsend an und meinte:" Na, soweit alles klar?

Können wir los?" Ich schaute Lars an, der schüttelte unmerklich den Kopf, wie als würde er etwas ahnen. Ich aber sah nur das Geld, was man verdienen konnte, und ging nach oben meine Sachen zu holen. Er folgte mir. Oben angekommen versuchte er mich aufzuhalten:" Sag mal, bist du bescheuert? Die kennst du doch gar nicht. Wer weiß, wo die dich hin mitnehmen?" Ich versuchte ihn zu beruhigen:" Hör mal, Oschi ist doch ganz nett. Er will mich doch bloß mal einen Tag mitnehmen." Lars zweifelte immer noch:" Wenn du meinst." Irgendwie merkte ich ein Stück Traurigkeit in seiner Stimme:" Ich komme doch wieder", beruhigte ich ihn. In dem Bus, wurde ich erst mal herzlich, durch die neuen Kameraden begrüßt. Es war eine gelockerte, ausgelassene, fröhliche Stimmung.

Oschi, saß vorne und unterhielt sich umgedreht mit einem älteren Mädchen. Ich glaube Mechthild, war ihr Name, während die Anderen versuchten mich auszuquetschen, wo ich her käme, und was ich so tue. Andauernd wurde behauptet, dass es wirklich eine lockere Arbeit wäre, der sie nachgingen. Zu locker fand ich. Irgendwann kamen wir dann in einem kleinen Dorf an. Es war Ganderkesee. Dieses ist ein Vorort von Bremen, ca. zehn Kilometer von dort entfernt. Hier hielten wir, an einem kleinem, hübschen, Neubau an. Im Vorbau konnte man einen großen Zwinger erkennen, der mit zwei Rotweilern besetzt war.

- Nur mal Nebenbei: Wussten sie, dass Rotweiler Weibchen Ihre Welpen fressen, wenn sie sie nicht annehmen können?

Ich hab mit eigenen Augen ein paar Hälften von Welpen-Laibe im Zwinger gesehen. Ein grausiges Bild. -
Nachdem wir alle ausgestiegen waren, wurde ich erst einmal von Oschi, zu einem Büro geführt, welches von einem Mann besetzt war, der wie sich rausstellen sollte, der Chef des Unternehmens war. Herr Karsten. Er war genauso wie Oschi ein beleibter, gemütlicher Typ, bloß das mir an ihm, ein typisch bayrischer Schnurrbart, auffiel. Seine Stimme hatte dann aber einen leicht hessischen Akzent. Er begrüßte mich als neues Mitglied der Truppe und meinte dann, wie alle Anderen, dass man hier sehr locker gutes Geld verdienen würde. Langsam kam mir die Sache, nicht geheuer vor. Warum waren die alle so gut drauf? War dieser Job wirklich so einfach, dass man im Schlaf sein Geld

verdiente? Ich sollte eines besseren belehrt werden.

Als Erstes sollte ich mir erst einmal eine Schulung anschauen. Das hieß: Ca. Zwanzig Leute saßen in einem Raum, einer wurde raus geschickt, der sollte dann an die Tür klopfen und seinen Spruch aufsagen. Der lautete wie folgt:" *Hallo, mein Name ist ..., Ich bin vom Zeitschriftenvertrieb Trunner. Ab* (nächsten Monat sagen!) *komme ich vorbei und teile hier die abonnierten Zeitschriften aus. Wenn ich dann hier vorbei komme, haben sie doch bestimmt nichts dagegen, wenn ich ihnen dann auch etwas bringe, oder?"*

So der Anfangsspruch auch Schüler-Boten-Spruch genannt. Natürlich sagten die Meisten Hausbewohner auf diesen Spruch „Nein", also hatte man nun die Möglichkeit nach den

Interessen zu fragen. Hatte man diese rausbekommen, konnte man die Zeitschriften anbieten, die im Angebot waren. Im besten Falle, ging man gleich rüber zum Abo. Hier erklärte man dem Kunden, dass man die Zeitung über 24 Monate beziehen würde und das man drei Monate vor Ablauf des Jahres kündigen müsse.

Im anderen Fall, wenn der Kunde total abgeneigt war, musste man versuchen, auf die Mitleidstour ein Abo zu bekommen, so nach dem Motto:" Aber Frau/Herr ... Ich bin doch nur ein armer Zeitungsbote, der versucht, sich ein paar Mark, zu machen, in dem er Zeitung austrägt und sie werden mir die DREISSIG Pfennige nicht doch abschlagen wollen oder?" Tja, und wenn dann immer noch nichts ging, konnte man versuchen den Kunden zusammen zu schlagen! - War ein

Scherz - Nein, natürlich ging man dann mehr oder weniger, freundlich, von dannen.

So wurde man also dazu geschult, ein Zeitschriftenvertreter, ein DRÜCKER zu werden. Dann ging es, zum ersten Mal, auf Kundenfang. Wir, stiegen alle in den Bus und wurden ins Gebiet gefahren, so nannte man das.

Oschi, saß wie üblich vorn als Beifahrer. Zu Aller erst erklärte er mir, dass wir nun die Dörfer abfahren würden um sie, wie er es nannte: *abzuarbeiten*.

Zuerst lief immer einer mit, der schon länger dabei war um mir zu zeigen, wie man mit den Kunden verhandelt, dann aber stand ich eines Tages allein vor der Tür:" Guten Tag Frau H***, ich bin äh, komme … von äh, Brunner, und wollte Zeitschriften austragen."

Besagte Frau hörte das Wort

„Zeitschriften" und schmiss die Tür zu.
Offenbar waren wir nicht die ersten.
Das war der erste Kunde. Zuerst habe
ich eine ganze Weile gebraucht den
Kunden mit Worten zu umwickeln.
Nicht das ich Angst hatte auf die Leute
zuzugehen sondern ich hatte Probleme
mit den Argumenten. So kam es, dass
ich die erste Zeit kaum Abos nach
Hause brachte. Aber das machte erst
einmal nichts, da ich noch Neu war.
Nach einiger Zeit hatte ich den Dreh,
mit dem Kunden, raus, und leierte,
den Schüler-Boten Spruch auswendig
herunter, und war zum Schluss sogar
ein *acht Scheine* Mensch.
Das bedeutet im Klartext: Man war so
gut, das man acht Abos pro Tag
brachte. Was natürlich für Lob, vom
Chef sorgte.
Wir bekamen, wöchentlich, unser Geld
ausbezahlt. Je nachdem, was die

Zeitung kostete, war demnach die Provision. Man konnte sagen: Wir bekamen im Schnitt ca. 20 DM pro Zeitung. Würde pro Tag ca. 160 DM für Mich machen. Alles schön und gut, wenn man nicht diese *Springer* mit dabei gehabt hätte. Nur um das mal zu erklären: Man kann, jeden Vertrag, auch wenn es nicht schriftlich da steht, innerhalb, einer Zeit von 14 Tagen kündigen. So: Die Leute kündigen den Vertrag wieder und schon ist man seine Provision los.

Das heißt, ich mache acht Abos, und drei springen wieder ab, dann macht das nur noch ca. 100 DM, pro Tag. Damit musste man immer rechnen.

Doch ich hatte eine Woche lang ca. acht Scheine pro Tag. Das würde rein rechnerisch bedeuten: 56 Scheine a' ca. 20 DM pro Zeitung, also ca. 1000 DM die Woche.

Natürlich wurde mir das nie ausbezahlt. Ich hatte im Höchstfall 100 DM am Wochenende. Ist doch irgendwie Beschiss, oder? Aber getraut etwas zu sagen hat sich keiner. Man hat's einfach schweigend hingenommen, weil man zu feige war. Herr Karsten war sehr genau. Er hatte einen Kontrolleur der sämtliche Abos überprüfte, ob diese nicht zufällig gefälscht waren. Also: Name ausgedacht und selbst unterschrieben. Doch käme das raus: Gnade dir Gott. Dies war die Todsünde. Ich hab's einmal gemacht, weil ich zu wenig hatte. Ich hatte hinterher, wirklich Schmerzen.

Tja und eine Woche später hatte ich komischerweise von dreißig Scheinen, dreißig Springer. Ich konnte nicht dagegen tun; mich nicht wehren. Es mir dann gereicht. Das war das erste

Mal, dass ich von einer der Drückerkolonnen abhaute. Doch das war ein waghalsiges Unternehmen. Einmal hatte man einen erwischt. Den hat man erst schön verprügelt, dann die Schuhe ausgezogen, und dann barfuß im Wald abgesetzt. Von dort aus durfte er dann gehen oder besser kreuchen. Das hatte mir schon zu bedenken gegeben. Doch ich hab es gewagt.

Eines Tages: Es war ein schöner, lauer Sommertag. Ich war in einem dicht bebautem, Wohngebiet abgesetzt worden. Jetzt kam es mir günstig vor abzuhauen. Natürlich hatte ich Schiss. Die Gebiete wurden ja immer abgefahren, um zu überprüfen ob alle arbeiten. Das Herz schlug mir bis zum Hals, doch ich hatte ja den Entschluss gefasst. Dann kam mir das Glück ein Stück entgegen. Vor mir auf der Straße lag ein Hundert Mark Schein. – Geil - Wie als würde eine höhere Kraft, versuchen wollen mich zu unterstützen. Dann ging ich weiter, immer mit dem Gedanken im Kopf, die nächste große Straße zu erreichen um vielleicht per Anhalter weiter zu kommen. Plötzlich war von weitem ein weißer VW Bus zu erkennen. Ich stockte, drehte mich um und ging schnurstracks in einen der nächsten Hausflure. Von dort konnte ich dann beobachten, wie der Bus mit etwas überhöhter Geschwindigkeit vorbei fuhr. Es war nicht Oschi, sondern ein fremder Fahrer. - Puh!! - Zur Not hätte ich gesagt, dass ich einen anderen Häuserblock hätte arbeiten wollen. Dann kam die Hauptverkehrsstraße. Vorsichtig machte ich die ersten Anstalten, als Anhalter mitzufahren. Und, als ob es

Gottes Fügung gewesen war, das erst beste Auto hielt an und nahm mich mit nach Krefeld ins Ruhrgebiet. Warum gerade dort, weiß ich nicht mehr. Wahrscheinlich weil mir kein besserer Ort einfiel. Wir fuhren ca. 5 Stunden. In dieser führte ich mit dem Fahrer ein gutes Gespräch, auch über meine bisherige Tätigkeit. Er konnte mir nur zustimmen, mich von dieser ominösen Firma zu entfernen.

In Krefeld setzte er mich am Haupt - Bahnhof ab. Hier stand ich dann mit weiter Nichts, als mir Selbst, 100 DM in der Tasche, und den Klamotten, die ich am Laib trug. Was tun? Wie ging es jetzt weiter? Wie sollte man als wildfremde Person in einer fremden Stadt vorankommen? Dann dachte ich mir, mich an die Bahnhofsmission zu wenden. Ich ging also, durch die Vorhalle zum Annahmepunkt, des

Roten Kreuzes, und wandte mich an einen der Beschäftigten. Dem habe ich die Story, von der Flucht von den Drückern, erzählt. Dieser aber hatte wenig Verständnis für Solche wie mich und sagte mir, ich solle doch bitteschön versuchen im Obdachlosenasyl unterzukommen. Ganz toll. Zwischen all den Pennern. Na gut. Da sich die Stelle nicht weit entfernt, vom Bahnhof, befand konnte ich dann dort erst mal für eine Nacht dort bleiben. Es roch erbärmlich nach Alkohol und nicht gewaschenen Menschen, aber für dieses Mal ging es. Ich war todmüde. Am nächsten Morgen, gegen Fünf Uhr, wurde man rausgeschmissen. War halt so. Ich hab dann erst einmal die nächste Spielhalle aufgesucht, weil ich wusste, dass man da Kaffee umsonst bekommt, und mich da aufgehalten; den Leuten beim Spielen zugeschaut. Dann gegen Neun, bin ich dann wieder zum Bahnhof und hab da herumgelungert. Tja, und hier quatschte mich wieder Jemand an, ob ich eine schnelle Mark machen wolle. *Und, was sagen sie? Hab ich zugesagt? Natürlich*. Was blieb mir anderes Übrig? Ich hatte keine Bleibe, nichts frisches zum Anziehen und noch weniger zum Essen. Man könnte denken:" Der hat doch noch die 100 DM!" Nichts ist. Die wurden mir im Obdachlosenheim aus der Tasche geklaut; noch in der vorherigen Nacht. Ich bin dann wütend zum Wärter, der hat aber nur gemeint, man müsse besser auf die eigenen Klamotten Acht geben; man wäre halt nicht in einem Hotel. Und, so kam ich dann, wieder, zu einer anderen Drückerkolonne.

Kapitel 7 : (Drücker 2)

Diese hatte ihren Sitz in Bayern. Auch hier waren es alles ganz nette Leute. Ich muss noch anmerken: Was man so aus Fernsehberichten über Drücker hört, stimmt nicht immer. Es gibt auch Firmen drunter, die anständige Leute sind. Die Kollegen nicht zusammenschlagen, wenn man zu wenig Scheine hat. Ich weiß nur von einer Kolonne; soll wohl ein Riesen Betrieb sein, da haben die Jemanden, hinter ein Auto gebunden, und hinter sich her schleifen lassen, weil er zu Wenig hatte. Das ist kein Scherz. Einer meiner damaligen Kollegen war persönlich mit dabei; ist dann von denen abgehauen. – Das nur mal am Rande. Als ich da ankam, ausgehungert und mit dreckigen Klamotten, wurde ich erst einmal richtig, kräftig

versorgt. Aber auch hier hieß es:"
Scheine schreiben!"

Ich muss aber dazu schreiben, dass der
Chef, ein hagerer Kerl, mehr
Verständnis dafür hatte, wenn man
weniger Schrieb, zumal wir relativ viel
Gebiete rund um Bayer besucht haben,
diese aber schon abgegrast waren.
Wer uns meist zuvor kam, waren die
Zeugen Jehovas. Die haben uns mit
Ihrem Gott – Gequatsche die Stellen
versaut. Wissen Sie, ich bin selbst
gläubig, aber was die verzapfen ist der
reine Blödsinn. Also konnte man hier
nicht mehr viel rausholen. Irgendwann
kamen, wohl die oberen Chefs, auf die
Idee, den Sitz nach Thüringen, in die
ehemalige DDR zu verlegen. Also hieß
es, die sieben Sachen zusammen
suchen und ab ging es. Wir hatten uns
in ein kleines Hotel eingenistet, und
grasten die Gegend um Saalfeld, bei

Rudolstadt ab. Tja, auch hier ging es gleich weiter mit Abos. Da hier, die Leute aber überschwemmt waren, da ja gerade die Grenzeröffnung vorbei war, und es jeder probieren wollte, in dem so „armen" Osten sein Geld zu machen; Zeitschriften zu verkaufen, war auch hier nicht viel zu verdienen. Selbst, ich hatte hier nicht viel Chance. Von meiner Natur aus, kann ich gut und viel mit Menschen diskutieren, aber gebracht hat es kaum was. Unter uns Drückern herrschte keine gute Stimmung weil keiner so recht was zu Stande brachte. Die Folge war, wenig Geld am Wochenende und noch schlechtere Laune. Das Highlight war dann aber trotzdem, abends, die Disko in Saalfeld. Sie war sehr günstig und mit zehn Mark konntest du dich da besaufen. Man ging zu Fuß, ca. zehn

Minuten durch den Wald, dorthin. Hier ging es dann so richtig ab. Die typische Musik, des Ostens, und die zwei Reihen an Bänken, wo Männlein und Frauchen sich gegenüber saßen. Ich war gerade zweiundzwanzig. Hier lernte ich dann, mal ein Mädchen kenn, welches die Absicht hatte, ein bisschen Fremd zu gehen, sich dann aber doch nicht traute. Ich glaube Gertrud hieß sie. Mehr als ein bisschen Rumknutschen war dann, mit Ihr, nicht drin. Ihren Freund, habe ich dann irgendwann auch mal kennen gelernt, aber mich gehütet ihm etwas zu erzählen; war nämlich ein ganz Netter. Aber es war eine tolle, angenehme Zeit, bis schließlich die *Neue* kam. Sie hieß Margit, und war MIR zugeteilt. Sie hatten sie, irgendwo aus dem Osten, aufgesammelt. Vielleicht hatte man ihr erzählt, dass man im „Westen" sein Glück machen konnte. Sie gefiel mir außerordentlich. Sie hatte lange blonde Haare und das süßeste Lächeln, was ich je sah. Sie wollte Drücker werden, und ich hatte die glanzvolle Aufgabe, sie einzuweisen. Was ich dann auch tat. Ich hab sie angemacht und auch bekommen. – Hat echt viel Spaß mit ihr gemacht – Zum Arbeiten sind wir dann auch mal gekommen. Sie erzählte mir irgendwann, dass sie Eigentlich den Osten verlassen und in den Westen wolle. Natürlich, so blöd wie ich auch war, bin ich, eines schönen Tages, auf ihre Masche mit dem armen Kind des Ostens hereingefallen und hatte nun auch vor, mich mit ihr zusammen, abzusetzen. Das hieß: Wieder eine Flucht von den Drückern. Dieses Mal war es aber spektakulärer. Die Kollegen hatten gemerkt, dass wir zusammen waren; teilten sie uns also zu zweit ins Gebiet ein. Wir wurden an diesem Tag, in einem von viel Wald, und wenig bewohnten Gelände eingesetzt. Es wurde Abend; man sah die Hand vor Augen nicht mehr. Links der dichte, schwarze Wald, und Rechts, der, ein wenig durch den Mond beleuchtete Weg. Wir hatten beide zusammen mal gerade drei Scheine. Das würde etwas Ärger geben. Wir hatten beide den Gedanken im Kopf zu flüchten. Sie schmiegte sich, ängstlich, eng an mich, und bat mich, irgendetwas zu tun. Nun Gut. Was tut man, wenn es dunkel ist? Man sucht nach Licht. In näherer Entfernung sahen wir schließlich einen Imbiss; hell erleuchtet. Schnurstracks gingen wir dann dorthin. Als wir eintraten, sah uns die Wirtin etwas argwöhnisch an. Wir erzählten Ihr dann aber die

Geschichte mit der Flucht, welche sie uns zuerst nicht abkaufte, bis ich ihr schließlich die Scheine zeigte. Das beruhigte sie dann doch ein wenig und fragte mitleidig, wie sie uns helfen könne. Mir kam eine verrückte Idee. Ich fragte sie einfach frei raus, ob sie uns nicht irgendwo hinbringen könnte. Erst verneinte sie, dann aber, als Margit anfing zu weinen, und sie anbettelte, ihr zu helfen, sagte sie Sie müsse mit dem Mann darüber sprechen. Plötzlich ging die Tür des Imbisses, ein zweites Mal auf. Herein kam einer meiner Kollegen. Alle drei sahen wir ihn groß an. Für fünf Sekunden war Totenstille. Er sah mich prüfend an und fragte nach der Anzahl der Scheine. Ich sagte:" Drei. Mehr war nicht drin." Wieder sah er mich so komisch an und meinte dann:" Na, dann müsst ihr ja noch ein bisschen reinhauen, sonst gibt's wieder Nachtschicht." - „Sicher! Wir wollen bloß schnell Pommes essen" Er grinste und ich atmete innerlich auf. Er drehte sich zur Wirtin um, bestellte sich ein MARS und verschwand wieder. Vielleicht hatte er etwas geahnt? Die Wirtin sah uns geschockt an. Sie ging dann aber zum Telefon rief ihren Mann an und berichtete ihm die Geschichte; offenbar wollte sie das alles so schnell wie möglich hinter sich bringen. Der Mann hatte ein gutes Herz. Ganz natürlich sagte er, am Telefon, das er uns helfen und uns mit dem Auto zur nächst größeren Stadt bringen wolle. Er würde in ca. Minuten da sein. Bis dahin hieß es im Imbiss warten. Natürlich saßen wir wie auf heißen Kohlen. Es vergingen zehn Minuten, es tat sich nichts. Die Wirtin wurde langsam unruhig. Um die Zeit zu überbrücken spendierte Sie uns etwas zu Essen. – Ein paar Pommes – Alles achtete auf die Tür zum Laden. Wie lange würde ihr Mann denn noch brauchen? Würde jetzt der Kollege wieder kommen weil er doch etwas geahnt hatte? Nach einer weiteren Ewigkeit, öffnete sich die Tür von neuem. Wir beugten uns, ruck zuck, zu den inzwischen kalten Pommes herunter, und eine freundliche, etwas ältere, Stimme fragte uns, ob wir die besagten Personen seien. Man konnte förmlich das Fallen der Steine hören, die von den Herzen fielen. Er sagte, er hätte im Stau gestanden; deswegen wäre er jetzt erst da. Er hatte viele Fernsehberichte, über Drücker gesehen, deswegen sah er der Sache etwas objektiver an; wir sollten uns keine Sorgen machen. Doch, es war immer noch Vorsicht geboten. Die

Kollegen konnten sich noch im Gebiet aufhalten. Also spähte er erst durch die halb geöffnete Tür und bat uns dann zu sich. Vorsichtig gingen Margit und ich zu seinem Auto. Vorher hatten wir uns natürlich bei der Wirtin bedankt und gesagt, das irgendwie wieder gut zu machen. Sie lächelte nur und wünschte uns viel Glück. Umherspähend gingen wir zum Auto. Der Mann meinte, dass es wohl das Beste wäre sich zu ducken; also taten wir es. Auf dem Rücksitz, in geduckter Haltung, fuhren wir dann los. Wir waren eine Zeitlang unterwegs, niemand hatte uns aufgehalten, da fragte er, wo er uns raus lassen solle. Margit hatte eine Idee. Ein paar Dörfer weiter, wohnte ihre Schwester, bei der wir erst mal Unterschlupf finden konnten. Der Imbiss Besitzer brachte uns, ohne viel Wiederrede, dorthin.

Auch bei Ihm bedankten wir uns überschwänglich. Er winkte bloß ab, und meinte, man müsse doch Jemand wie uns helfen. Bei Margits Schwester blieben wir dann eine Nacht. Doch von hier wegzukommen, war auch wieder ein Problem. Sie hatte zwar ein Auto, doch wohin sollte Sie uns bringen? Bei Ihr bleiben konnten wir nicht, weil es zu gefährlich war. Dann kam mir die Idee, nach Wahnbek, in meine Heimatstadt zu gehen. Bloß wie da hin gelangen? Da wir kein Geld hatten und Margits Schwester noch weniger, beschlossen wir mit dem Zug, schwarz, dorthin zu fahren. − *Böse* − Sie setzte uns dann am Bahnhof ab, und wir warteten auf den Zug, in Richtung Bremen. Immer wieder schauen wir uns um ob nicht zufällig, ein Kollege dort rumstand, um uns abzufangen. Die schauen, nämlich, normalerweise, zuerst auf den Bahnhöfen, nach den Entlaufenden. Doch hier war Keiner zu sehen. Dann kam der Zug, und wir stiegen ein. Unterwegs hatten wir Angst erwischt zu werden, also gingen wir recht häufig aufs Klo, um uns dort zu verstecken. Bis kurz vor Bremen lief alles glatt, doch dann sah uns die Schaffnerin. Irgendwie muss sie etwas geahnt haben. Wie ein Habicht, kam sie auf uns zugestürmt und fragte uns nach den Fahrausweisen; und dann hatte die auch noch *Haare auf den Zähnen*, so wie sie uns anmachte. Was soll's, sie schmiss uns dann in Bremen raus, und brachte uns auch gleich zur Bahnhofspolizei. Diese waren, natürlich *sehr erfreut*, über uns Schwarzfahrer, fragten nach dem Grund der Fahrt. Wir erzählten von der Flucht und das es nur aus der Not raus passiert war. Es wurde uns halbwegs, freundlich verziehen, eine Anzeige geschrieben, und wir durften gehen. Tja, trotz alledem waren Margit und ich endlich in Bremen. Jetzt hieß es, weiter kommen nach Oldenburg. Diese Strecke haben wir dann per Anhalter gemeistert. Waren ja nur Vierzig Kilometer. Die restliche Strecke, nach Wahnbek, waren neun; die ging es dann zu Fuß weiter. Völlig entkräftet kamen wir dann, bei meinem damaligen Kumpel Yilmaz an. Da ich ihn schon lange nicht mehr gesehen hatte, hatten wir uns viel zu erzählen. Seine Mutter hatte dann Gott sei Dank, nichts dagegen, wenn wir erst einmal für 'ne Zeit dort blieben. So vergingen drei Monate. Die Familie hatte zwar selbst, kaum Geld, aber versorgte uns Bestens. Nebenbei lernte ich ein paar Worte auf Kurdisch und das echt leckere Essen kennen.

Die Mutter konnte hervorragend kochen. Doch dann musste ich mich, auch von dort, verabschieden. Angefangen hatte es damit, dass Margit auf einmal mehr Interesse an Yilmaz hatte. Irgendwann zog sie dann den Schlussstrich. −Von heute auf Morgen − Und was wurde jetzt aus Mir? Ich war erst mal sauer auf Yilmaz, doch eigentlich konnte er Nichts dafür. Sie hatte Ihn, ja, angebaggert. Also was tun? Ich bin dann zum Sozialamt nach Rastede gegangen, hab Hilfe beantragt, und gleichzeitig um Wohnraum gebeten. Die Wohnung, welche mir zugeteilt wurde, hatte zwei spärlich eingerichtete Zimmer. Genug aber, um darin zu schlafen. Irgendwann kam dann Yilmaz, mir Margit zusammen, und fragte ob er bei mir einziehen könne, weil er Stress zu Hause hatte. Ich war zwar etwas verärgert, darüber das er das Mädel anschleppte, aber verneint hab ich dann doch nicht. Mit ihm hab ich mich halt immer irgendwie verstanden. Von der Wohnung aus haben wir dann viele Unternehmungen, aber auch viel Blödsinn, gemacht. Einmal kam es sogar vor, dass wir in Autos einbrachen, um die Radios zu klauen. Diese haben wir dann an Zwischenhändler verkauft. Gott sei Dank, wir wurden nie dabei erwischt. Tja, wir waren schlimme Jungs damals. Wahrscheinlich stand ich deswegen so oft vorm Richter. Aber nichts desto trotz, irgendwann war es dann mal wieder Zeit, als Drücker zu arbeiten. Ich lernte doch tatsächlich Jemanden, vom Deutschen Tierhilfswerk, kennen. Kennen Sie nicht? Das ist ein Verein, der Gelder sammelt, für hilfsbedürftige Tiere. So nimmt man zu

Mindestens an. In Wirklichkeit waren es Drücker wie jeder Andere auch. Jörg, war einer von der Sorte.

Bernd, ein ehemaliger Kollege, unseres Shops, sagt immer zum Abschied:" Grüß die Hühner, fall nicht in den Briefkasten!" So was muss ich einfach mal erwähnen.

Kapitel 8 : (Drücker 3)

Er, mindestens 1,90m groß, und jähzornig wie ein Stier, aber Dünn wie eine Bohnenstange, wohnte in einem Ort, unweit von Oldenburg entfernt. Hier hatte er sich eine Wohnung in einem, nach meiner Meinung, halben Abrisshaus besorgt und führte von dort aus, die Geschäfte, mit dem Tierhilfswerk. Wie er uns dahin gebracht hatte weiß ich nicht mehr genau, aber wir haben dann für Ihn gearbeitet. Aber, hier lief es anders ab. Nicht mehr so ruhig, wie bei den Anderen. Wenn man nicht genug Scheine hatte, bekam man Ohrfeigen. Yilmaz, Margit und Ich arbeiteten für Ihn. Jeder hatte sein eigenes Zimmer; sogar mit Fernseher drin. Dann ging es los: Einen Stand, in der Stadt, aufgebaut und jeden angequatscht, ob er ein Tierfreund sei. Da die Meisten diese Frage bejahten, konnten wir sie, nach einer Frage nach kurzer Zeit zum Stand führen. Dort haben wir die Kunden dann bedrängt Verträge von 8 bis 30 DM im Monat zu unterschreiben. Sie hatten die freie Wahl. Mit diesem Geld, könne man dann monatlich oder halbjährlich Tiere unterstützen. Doch, dass dieses Geld dann zu 45% in die Verwaltung floss, davon brauchte ja keiner was wissen. Somit hatten wir, am Tag, mindestens Zwanzig Leute beschissen. Schon aus Angst vor dem Chef legten wir uns, richtig, ins Zeug. Einmal bekam ich, durch die Zimmertür mit, wie er Margit anschnauzte. Sie hatte an jenem Tag zu wenig geschrieben. Sie wollte etwas sagen, und schon hatte sie Eine sitzen. So ging das häufiger. Er war wirklich sehr aufbrausend. Wir bereiteten unser Frühstück gemeinsam zu und hatte Jemand zum Beispiel das Wasser, für die Frühstückseier, zu niedrig im Topf, gab es im wahrsten Sinne aufs Maul; und wehe, die waren nicht genau drei Minuten gekocht! Mit Yilmaz, hatte er weniger Probleme, da dieser Arsch irgendwann einfach abgehauen ist, Margit mitnahm, und mich mit dem Verrückten allein ließ. Ganz toll. Von nun an waren wir zu

Zweit. Aber auch nicht Lange. Eines Tages, es war so gegen Abend, kam er mit einem hübschen Mädchen wieder; Hatte sie irgendwo in der Stadt kennen gelernt. Also waren wir wieder zu Dritt. Jetzt war er auch etwas ausgeglichener. Er konnte sogar mal Lachen; Hatte wohl genug Sex!? Trotzdem hatte ich, nach ca. drei Monaten, die Schnauze von diesem Laden voll. Umsätze gab es kaum, er ließ mit dem Lohn auf sich warten, und seine Launen wurden zusehends schlechter; auf Grund der Umsätze. Eines Tages, habe ich es dann, wieder mal, geschafft abzuhauen. Dem Chef hab ich erzählt, ich wolle zu einem nahegelegenem Haus, Jemanden besuchen, den ich kennen gelernt hatte. In Wirklichkeit, ging ich zur nächst größeren Straße und stellte mich dorthin, um per Anhalter mit zu fahren. Wieder mal hatte ich Glück. Ein LKW Fahrer war so freundlich mich mit zu nehmen; und es verschlug mich WIEDER nach...

Gerade fällt mir noch ein, wie dieser jähzornige Typ es geschafft hatte, für Ihn zu arbeiten. Er hatte gemeint, wir sollten Ihm beim Aufbau seiner Firma helfen, und würden dafür, irgendwann mal selbst Chefs sein. Was ja durchaus verlockend, in dieser Branche, ist. Man „kann" eine Menge Geld verdienen.

Kapitel 9 : (Krefeld)

Bis Krefeld hatten wir natürlich wieder mal, eine ganze Menge Zeit, uns zu unterhalten. Ich hab ihm die Geschichte mit den Drückeren erzählt, welche er auch interessiert verfolgte, bis er schließlich meinte, eine so ähnliche Geschichte erlebt zu haben. Er erzählte dann, dass er ehemalig ein Stand – Mensch sei und Früher für irgendeine Firma, Goldkettchen verkauft habe. Na ja, auf jeden Fall kam wir beide überein, dass das Drückerleben eine sehr anstrengende und manchmal auch gefährliche Tätigkeit sei. Schließlich in Krefeld angekommen, setzt er mich am wieder mal am Bahnhof ab, und empfahl mir, ich solle versuchen, in einem Motel, für eine Nacht bleiben, und dann am nächsten Tag zum Sozialamt gehen; Hilfe beantragen. Seinen Ratschlag nahm ich dann auch an. In der Nähe des Krefelder – Hauptbahnhofes, fand ich dann ein sehr günstiges Motel. Mietete mich für eine Nacht ein, und ging am nächsten Morgen zum Amt. Denen hab ich dann auch die Story erzählt. Sie boten mir,

übergangsweise, ein Zimmer im
Sozialviertel von Krefeld Uerdingen an;
Und wie die Sozialbauten waren! Ich
hatte zwei Räume, in dessen sich
NICHTS befand; noch nicht mal ein
eigenes Klo. Zum Glück hatte wohl
gerade jemand seine Wohnung
erneuert, denn im Hof fand ich dann
fast Alles, an Speermüll, was man so
braucht. Es war eine große, grüne
Couch, ein großer Türkenteppich, ein
Küchenunterschrank, und noch ein
bisschen Kleinkram, der dann in meine
"Wohnung" wanderte. So hatte ich es
zu mindestens, erst einmal, ein wenig
gemütlicher. Über mir wohnte ein
Säufer, der jede Nacht, einen Aufstand
für Drei machte. Trotzdem war er,
wenn er nüchtern war, recht
zugänglich. Durch ihn lernte ich eine
ganze Menge an anderen Leuten
kennen, mit denen ich meist viel Zeit

verbracht habe. Viele Bekanntschaften waren, eigentlich erst durch Ihn, dadurch entstanden. Er war so zu sagen der Vermittler, für zwischenmenschliche Beziehungen und Bekanntschaften. Durch Ihn lernte ich auch Alexandra kennen. Meine nächste Geliebte. Doch es gab da ein Problem: Sie hatte schon einen Freund. Er war ein Karatekämpfer und kräftig wie ein Stier. Irgendwann, ich war wohl gerade bei den Beiden zu Besuch, hatte es gefunkt zwischen Mir und Ihr. Es stellte sich raus, das er wohl, manchmal etwas zu grob, mit ihr umging, und deswegen wollte Sie einen anderen. Tja, was blieb uns dann anderes Übrig, als sich heimlich zu treffen. Wir knutschten einfach in Seitenstraße herum, in der Hoffnung nicht entdeckt zu werden.

Zu einer sexuellen Handlung ist es dann in einem Hotelzimmer gekommen, welches wir uns für diesen Zweck angemietet hatten. Bei einem Kumpel, hatte ich dann sogar ihren Namen, als Überraschung, in meinen Arm tätowieren lassen. Doch, wie Murphys Gesetzt schon besagt: Irgendwann flogen wir, durch einen blöden Zufall auf. Ein Kumpel von Ihrem Freund hatte uns Beide beobachtet, und auch gleich dem Freund von Ihr, brühwarm, erzählt. – Na ganz Toll – Das Ende vom Lied war: Eines schönen Nachmittags kam er, Wut entbrannt, auf mich zu; wollte mir schon auf die Schnauze hauen, hat's dann aber doch gelassen. Ich musste ihm bloß versprechen, Alexandra in Ruhe zu lassen, dafür würde mir nichts weiter passieren. Nach einigem Hin und Her, stellte ich dann fest, dass er doch ein ganz netter Kerl war.

Dann lernte ich wieder einen anderen Menschen kennen. Das war ein Italiener. Mit dem hab ich eine Scheiße durch, glauben Sie's. Der Typ war der geborene Dieb. Überall wo er etwas sah, was man mitgehen lassen konnte, nahm er es mit. Der konnte klauen wie ein Raabe. Ein Beispiel: Man kennt die Drehständer, die vor den Geschäften stehen, meist mit Klamotten drauf. Den hat er so gedreht, das dieser mit dem Rücken zu den Passanten stand, aber auch so, dass der Ladenbesitzer, nicht sah was da vor sich ging. So konnte er dann in aller Ruhe, ein Kleidungsstück abziehen, ohne groß aufzufallen. Tja, und das ging nicht nur mit Kleidung so, sonder auch mit Lebensmitteln, Technik oder Schuhen. Er sah immer gut gekleidet aus. Ich war auf den meisten Raubzügen mit dabei, und komischerweise wurde er nicht ein einziges Mal erwischt.

Waren wir mal nicht auf Diebesbeute aus, schlenderten wir durch die Stadt, und verarschten irgendwelche Leute. Und wie es der Zufall wollte: Bald bekamen wir noch einen Kumpel hinzu. Dieser war Ladendetektiv. Nicht das sie denken, der Italiener wurde erwischt, nein, er quatschte ihn einfach voll, wollte ihn ein wenig auf die Schippe nehmen und dabei lernte man sich kennen. Dieser war ein begnadeter Karatekämpfer, aber trotzdem nicht eingebildet, sondern als Freund hervorragend. Nun zogen wir, so alle Zeit hatten, durch die Krefelder Innenstadt, um diese Unsicher zu machen. War der Detektiv mit dabei, klaute der Italiener natürlich nicht. War auch eine dufte Zeit damals. Obwohl: Ein Ereignis war nicht so schön.

Die Zeit auf der Straße als Obdachloser. Ich hatte durch meine Kumpels oft Platz zum Schlafen gekriegt, war mal hier, mal dort. Ich hatte aber meine 1. Wohnung außer Acht gelassen. Dadurch hat das Sozialamt angenommen, ich würde da nicht mehr wohnen, diese also weiter vermietet. Tja, ich komme irgendwann da hin und finde einen anderen Typen darin. Und was jetzt mit mir? Ich hatte keine Bleibe mehr. Durch Zufall konnte ich bei den Kumpels auch nicht bleiben, also: Umzug auf die Straße. War ein echt scheiß Gefühl. Man geht nächtelang, nicht schlafend, ziellos durch die Straßen, hat kein Geld für etwas zu Essen, und keinen

Überlebensmut. Man kommt seelisch und körperlich total runter.

Oft ging ich in die hiesigen Spielotheken um mir kostenlosen Kaffe zu besorgen, oder in ein Warenhaus, um Spielzeug aus Marzipan zu klauen. (kleine Brote oder Kuchen für Spielzeugläden, die konnte man gut in einer Hand unterbringen!)

So bekam man wenigstens ab und zu mal was in den Magen. Ich wundere mich nur im Nachhinein, warum das den Detektiven nicht auffiel, dass ich fast jeden Tag da war und mit Nichts wieder ging.

Das Schlimmste an dieser Zeit (ca. 1 Monat) war die Kälte. Es war Übergang vom Herbst in den Winter. Oft schlief ich auf Abluftschächten hinter Hochhäusern, wo warme Luft hochstieg. Oder wenn ich mal Glück hatte, hatte jemand vergessen eine

Kellertür zu schließen; was ich dann nutze.

Gott sei Dank, das war „nur" für drei Monate. Danach hatte ich wieder etwas Glück mit einer von diesen Drückerkolonnen.

An jenem Tag bin mal wieder ziellos, vollkommen müde, durch die Stadt gezogen. Plötzlich wurde ich von einem jungen Pärchen angesprochen, ob ich zufällig ein Tierfreund sei. „Wie bekannt mir das vorkam!" Sie standen an einem dieser Grünen Stände, wie der, den ich auch in Erinnerung hatte, mit dem Symbol eines Tierhilfswerkes drauf. Da ich Solche Leute schon kannte, und mir einen Spaß erlauben wollte, ging ich auf die Beiden ein und folgte zum Stand. Dort erklärten sie dann genau mit denselben Worten, wie ich sie schon tausend Mal selbst erzählt hatte, dass sie Tier retten wollten, und dafür finanzielle Hilfe benötigten. Um den Spaß fort zu führen, hab ich so getan, als würde ich genau zuhören, und mich für die Sache interessieren. Schließlich, als die Leute fertig waren, und es darum ging, die persönlichen Daten anzugeben, hab ich denen behutsam erzählt, dass ich die Sache schon kennen würde. Erst waren Sie etwas sauer, doch dann kamen wir so langsam ins Gespräch. Hier hörte ich, dass sie relativ viel Provision auf einen Schein bekommen würden, was mich, in meiner jetzigen Situation, natürlich reizte. Zum Schluss waren wir uns Einig, dass ich am nächsten Tag am Bahnhof stehen und den Chef erwarten sollte. Am nächsten Tag traf ich dann den Chef des Unternehmens am Bahnhof von Krefeld Uerdingen. Er war ein schlanker Mann, Mitte Vierzig, braun gebrannt, und sah aus wie ein Spanier. Als er anfing zu reden hörte ich den leicht fränkischen Akzent. Alles in Allem war er ein freundlicher Mann. Er lud mich dann erst mal auf einen Kaffee ein und erklärte mir dann noch mal, was man bei Ihm so verdienen könne. Zum Schluss sagte er noch, das man in seiner Firma das „locker" arbeiten gewohnt war. Zuerst hatte ich natürlich Bedenken, wieder in eine miese Firma zu geraten, doch nach den Worten, des Chefs, die eigentlich ehrlich klangen, sagte ich dann irgendwann zu, es doch mal bei Ihm zu versuchen. Gesagt getan, wir stiegen ins Auto und fuhren über die Autobahn, Richtung Oberhausen.

Kapitel 10 : (Drücker 4)

Von Krefeld bis Oberhausen war es nicht weit, so dass wir schnell ans Ziel gelangten. Es war ein zweigeschossiger Neubau, in Mitten eines kleinen Waldstückes. Von dort aus sollten alle Aktionen des Tierhilfswerkes laufen. Natürlich war ich auch nicht der Einzige in dem Laden. Zu meinen Kollegen gehörten, noch ca. 20 junge Menschen, welche Alle die schnelle Mark machen wollten. Jedes Mal, in meiner ganzen Drückerzeit, wenn ich neu in eine Kolonne kam, fragte ich mich, wie die Chefs es schafften so viele Menschen für diese Arbeit zu begeistern. Es war ganz einfach, wenn man das von verschiedenster Seite erklärt bekommt: Es gibt, extra dafür, ausgebildete Leute, die an den Bahnhöfen der Republik stehen, und nur darauf warten, jemand ansprechen zu können, ob er zufällig Arbeit bräuchte. Meistens locken sie Sie mit kräftigen Provisionen, oder mit dem Geld was sie in der Tasche hatten. Oft laden sie dich in ein Cafe' ein und spendieren was zu essen, nur um zu zeigen wie locker und großzügig man war. So auch in meinem Fall. Der Chef hatte, bei unserer Zusammenkunft, ca. 1000 DM in 100 DM Scheinen in der Tasche, und behauptete, das wär gerade der Stundenumsatz. Na ja, das mal am Rande. Im Gegensatz zu den anderen Firmen, in denen ich tätig war, bekam ich hier ein eigenes, voll ausgestattetes, Zimmer, sogar mit eigenem Bad. Ich kam mir vor wie in einem Hotel. Und sogar die Leute um mich herum waren, alle angenehm, ausgeruht, und fröhlich. So glaubte ich, Letzt Endlich, in eine gute Firma hineingerutscht zu sein. Doch es war alles nur Schein, wie ich später mitbekommen sollte. Die Arbeit war dieselbe, die ich schon von anderen her kannte. Einen Stand auf die Straße gestellt, und die Leute bequatscht. Alles nicht so schwierig.

Diese Firma hatte jedoch andere Präsentationsmappen, so dass ich wieder andere Texte auswendig lernen musste, was mir aber nicht besonders schwer fiel. Geld habe ich, durch die Scheine, eigentlich auch genug gehabt. Doch der Anlass, die Firma fluchtartig zu verlassen, war eine Beobachtung welche ich machen musste: Eines Abends, es war so gegen 22 Uhr, ich war wach, und lag in meinem Zimmer. Plötzlich hörte ich kleine spitze Schreie. Erst dachte ich, weil es fast so anhörte, an eine Katze, bei näherem hin Lauschen erkannte ich aber eine

Mädchenstimme, welche irgendwie vor Schmerzen zu schreien schien. Erst dachte ich daran, da würde sich wohl schon jemand drum kümmern, doch komischerweise hörte Es nicht auf. Ich versuchte die Schreie zu Orten. Es schien aus dem Nebengebäude zu kommen. Ich stand auf, ging nach draußen auf den Flur, und wunderte mich darüber, dass kein weiterer da stand, sie musste es doch auch gehört haben!? Ich begab mich nach draußen und zum Nebenhaus. Das Heulen wurde stärker. Ich lauschte wieder. Diesmal war ein Wimmern zu hören, welches aus einem nahegelegenem, offenen Kellerfenster kam. Vorsichtig, näherte ich mich dem Fenster und blickte hindurch. Ich erschrak als ich sah, woher das Wimmern kam: Um einen Stuhl herum standen drei junge Kerle, welche ein Mädchen was auf diesem Stuhl gefesselt war, ins Gesicht schlugen. Einmal waren es Ohrfeigen, dann kam auch mal die Faust. Sie blutete aus einer aufgeplatzten Oberlippe. Beide Augen waren dick angeschwollen. Sie schrie und wimmerte vor Schmerzen. Doch sie ließen nicht von Ihr ab, sondern verhöhnten sie sogar noch, dass sie nicht so heulen soll, schließlich wäre es ja Ihre Schuld, dass sie „Gemalt" hatte.

ACH!! - darum ging es also. Die Unglückliche hatte sich dabei erwischen lassen, Scheine zu fälschen; mit ihrer eigenen Unterschrift. Tja, das tut man doch nicht. Sie tat mir echt leid. Aber helfen konnte ich Ihr nicht. Abos selbst unterschreiben, war eine Todsünde. Auch wenn es manchmal echt von Nöten war, besah man den Umstand, man würde geprügelt werden wenn man zu wenig Scheine brachte! Man sollte sich nur nicht dabei erwischen lassen. So war zu mindestens die Erfahrung aus anderen Firmen. Traurig ging ich zurück auf mein Zimmer. Hier angekommen dachte ich:" Wenn, die schon so reagieren, wegen gefälschten Scheinen, wie würden die handeln, wenn man zu wenig schrieb?" Also fasste ich, wieder einmal, den Entschluss, mich zu verdrücken. Diesmal würde die Flucht sich einfacher gestalten lassen, da hier nicht jedes Mal in den Gebieten hin und her gefahren wurde um zu kontrollieren.

Am nächsten Tag wurde ich dann, zum Glück, in ein Neubauviertel gefahren, wo eine Autobahn in der Nähe war. Als der „Schieber" weg war, und ich mich in Sicherheit glaubte, rannte ich

schnell zu einer Autobahn - Ausfahrt,
und hielt den Daumen hoch. Wieder
hatte ich Glück. Vor mir hielt ein
weißer Transporter, mit einem jungen
Typen drin, der mich fragte, wohin es
gehen sollte. Darüber hatte ich noch
gar nicht nachgedacht. Weil mir nichts
Besseres einfiel sagte ich "Berlin".
Instinktiv wollte ich schon immer da
hin, wer weiß warum. Und, wie es das
Schicksal wollte, der Typ fuhr auch
nach Berlin; würde da wohnen sagte
er. Eins viel mir, beim Einsteigen, auf:
Als ich im Auto war, bemerkte ich
einen leicht, süßlichen Geruch im
Wageninneren: Es war der von
Haschisch. Er war gerade, ganz locker,
dabei einen Joint zu rauchen. – Geil –
dachte ich. Er lud mich dann ein
mitzurauchen, was ich natürlich nicht
abschlug, weil ich gern auch mal an

Einem zog. Es wurde eine sehr lustige
Fahrt zu meiner nächsten Heimat.

Kapitel 11 : (Berlin 1)

Ich schreibe das Jahr 1992, und
befinde mich, mitten, in einer von
Millionen von Menschen bevölkerten
Stadt. Alles was ich bis dato an
Städten gesehen habe – und ich hab ja
eine Menge gesehen – kam nicht an
die Größe dieser Metropole heran.
Die Dreistündige Fahrt hier hin war
schon ein Erlebnis. Eine Autobahn
folgte der Nächsten und wir waren,
durch den Rausch, am Gackern wie die
Enten. Ich stellte fest, dass er ein
lockerer, netter Mensch war. „Manne"
hieß er. Nachdem ich ihm dann erzählt
habe, woher ich käme, und das ich im
Moment keine Bleibe hätte, bot er mir
netterweise an, bei Ihm zu wohnen. –

Übergangsweise – Er erklärte mir, dass Berlin aus vielen Stadtteilen bestehen würde und er in Reinickendorf sein zu Hause hätte. Ich erinnere mich noch, an eine Zwei Zimmer Wohnung in einem Altbau, dessen Fassade aussah, als würde sie jeden Moment zusammenstürzen. Im Inneren befand sich jedoch ein schön eingerichtetes Zimmer, mit Dielenfußboden. Er erklärte dann noch, dass diese Bauten typisch für Berlin wären. Schließlich verwies er mich auf seine kleine Couch auf der ich schlafen durfte. Es war inzwischen Nacht geworden und ich war, hundemüde. Bei Ihm verbrachte ich ca. 2 Tage. Dann sagte er mir, dass das Sozialamt von Reinickendorf auch Notunterkünfte hätte, die einigermaßen ordentlich wären. Das Amt dort hatte keinen Platz mehr für mich, in diesem Teil der Stadt, meinte aber, es gäbe in Tiergarten noch ein Asyl. Also ging ich zum Dortigen Amt. Hier schickte man mich zum Haus „Sonnenschein". (Woher ich den Namen wohl kannte?) einem Obdachlosenasyl in der Nähe der U-Bahnstation Hallesches Tor.

Ich teilte ein Zimmer zusammen mit drei Anderen. Geschlafen haben wir auf Doppelstockbetten. Nicht das man jetzt denkt, ein „Pennerhaus" ist dreckig und man würde nur mit Alkohol zu tun haben. – Nein – Es kommt darauf an wie die Leute sich benehmen und wie sauber Sie sin und was es für ein Haus ist. Hier wurde aufs Peinlichste auf Sauberkeit geachtet. Es gab sogar Putzpläne, an die sich Jeder halten musste; ansonsten flog man raus. Ich erinnere mich gerade an einen älteren, abgesetzten Mann mit sehr forscher

Stimme. - ER achtete peinlichst auf ALLES!! - Aber trotzdem: Aber, alle die ich hier kennen gelernt habe, waren durchweg sauber und Menschen, die in Ordnung waren, halt bloß Obdachlos. Einer von Ihnen, ein großer, dicker, Typ aus dem Schwabenland war der geborene Hasch Papi. Ständig breit. Man, was hab ich mit Ihm gelacht. Mit Ihm zog ich dann oftmals auch von Kneipe zu Kneipe um Billard zu spielen oder um sich mit den Hasch-Dealern zu treffen. Da ich ja Geld vom SOZ bekam, konnte auch ich mir meine Rationen kaufen. „Am Morgen ein Joint und der Tag ist dein Freund". War eine echt geile Zeit damals. Sie werden jetzt glauben, dass ich der echte Junkie sein müsste, weil ich so oft von „geiler Zeit" spreche. Ja - ich war süchtig nach Haschisch und hab alles Mögliche probiert, jedoch hab ich mich selbst immer unter Kontrolle gehabt, hab nie geklaut um an Geld für Drogen zu kommen oder hab niemals andere Leute beschissen um welche zu bekommen. Die Devise dabei ist wirklich die Selbstbeherrschung!

In diesem Wohnheim wohnte ich 3 Monate. Der Aufenthalt hier war nur auf diese Zeit beschränkt, dann musste man raus. Entweder man hatte bis dann eine Wohnung, oder man ging ins Nächste Asyl. Vom Haus „Sonnenschein" ging es dann nach Tempelhof in ein Haus, nahe des Kurt-Schuhmacher-Damms. Hier teilte ich mir mein Zimmer, mit einem Pärchen mit Namen Klaus und Sabine. Hier war es erlaubt, dass Frauen und Männer zusammen wohnten, in Anderen darf man das nicht. Klaus war genauso ein Haschischraucher wie ich, nahm hin und wieder auch mal andere Drogen.

Seine Freundin zog ab und zu mal am Joint. Wir wurden beste Kumpels. Nicht, dass er mich dazu zwang, aber durch ihn hab ich auch andere Drogen probiert. Wie zum Beispiel das Heroin. Wenn Klaus mal Geld hatte, hatte er sich welches besorgt. Das Nehmen nannte er „Basen". Man spricht: "Beiisen". Es bedeutet: Man tut etwas Heroin auf ein Stück Alufolie, nimmt ein Feuerzeug, erwärmt Es von unten, bis es dampft und zieht mit einem Strohhalm, den aufsteigenden Qualm in die Luge ein. Ich muss sagen, beim ersten Mal – und es war wirklich nur das eine Mal – geht's einem so Scheiße, das man alle 5 Sekunden kotzt. Doch dann, so erzählte er, hätte sich der Körper dran gewöhnt, und man würde sich richtig gut fühlen. Ich hab wie gesagt beim ersten Mal gelassen. Heroin war mir nichts, so hab ich es mit SPEED probiert. Das ist ein Zeug, das geht zwar auf den Magen, man hat aber im Rausch, so viel Power, das man Bäume ausreißen könnte; nicht übel das Zeug. Es ging mit Kokain weiter. Ähnlich wie Speed, geht's auf den Magen, man hat Kraft ohne Ende, doch die Wirkung hält viel Länger an und kommt wesentlich schneller, da es durch die Nase gezogen wird. Um das mal nebenbei klar zu stellen: Ich hab, da wir relativ schnell an die Drogen rankamen, alles nur Probiert und bin nicht gleich davon abhängig geworden. Nur beim Haschisch bin ich geblieben. Nicht, wie Fachleute sagen: Gleich beim ersten Mal wird man süchtig. Das stimmt nicht. Es kommt darauf an, ob man nur mal probiert, oder ob man die Wirkung einer Droge so geil findet, dass man dabei bleibt. Außer LSD, hab ich fast sämtliche Drogen durchprobiert, und bin noch nicht daran gestorben. Was ich mir angewöhnt habe, ist das normale Rauchen, die drei bis vier Bier am Abend, und der Kaffee, und das seit ca. 12 Jahren. So viel dazu. Abgesehen, der Drogen, verlebte ich in Tempelhof, mit Klaus und Sabine, zusammen, eine tolle Zeit. Wir waren viel unterwegs. Auf unseren Touren lernte ich auch die Berliner Drogenszene kennen. Man muss sagen, es waren viele heruntergekommene Leute mit dabei, aber auch viele die in Ordnung waren. Es stimmt nicht immer, wenn man sagt: "Der Jenige der süchtig ist, ist gleich ein Dieb!" Ich habe Geschäftsleute kennen gelernt, die abends nach der Arbeit an der Nadel hingen. Apropos Nadel: Einmal brachte Klaus ein Mädchen mit, welche Heroinsüchtig war. Es war eine

Bekannte von Ihm. Sie war bloß dermaßen auf Turkey, dass sie es nicht schaffte sich die Nadel zu setzen. Klaus und Sabine konnten oder trauten es sich nicht. Da sie aber so herzzerreißend weinte, und bettelte, endlich Ihr Zeug zu bekommen, nahm ich die Nadel und setzte sie ihr. War das ein Gefühl, in einem Fremden Körper etwas hineinzustechen. Doch, als ich ihren Ärmel emporzog, bemerkte ich kaum Einstiche. Sie war wohl noch nicht lange an der Nadel. Sie war 16 wie sich hinterher rausstellte. Aber ich fühlte, mit ihr, die Erleichterung als die Droge ihre Wirkung zeigte. Sie tat mir echt leid. Nachdem es ihr besser ging, haben wir uns noch stundenlang unterhalten. So machte ich meine ersten Erfahrungen mit Drogenkranken, was mich bestätigte, das Heroin nie wieder zu probieren.

Trotz dieser miesen Erfahrung, gab es auch wieder schöne Dinge. Irgendwann kam die Neue. Margit hieß sie. Sie war 21 und kam aus Schwerin. Klaus, Sabine und ich mussten Sie erst mal beschnuppern. Sie war ein hübsches Mädchen, in welches ich mich sofort verschoss. Und „natürlich" kamen wir beide zusammen. Sie stand unheimlich auf Mathias Reim, so dass wir die Abende meist mit Hören von seiner Musik verbrachten, ein bisschen rummachten, und uns es gut gehen ließen. Schließlich kannte ich fast jeden Seiner Lieder auswendig. Mein Lieblingslied war das mit den Sonnenbrillen.

Auch in diesem Haus war das Wohnen nur befristet, was uns nun vor ein Problem stellte. Wie gesagt, kaum ein

Haus, nahm Pärchen auf. Zwei Tage durften wir noch bleiben, danach mussten wir raus. Für Margit blieb nichts anderes übrig, als für ein paar Tage ins Frauenhaus zu gehen, wogegen ich nach Tiergarten in ein richtiges Obdachloseasyl musste. Gleichzeitig stellte ich beim Amt einen Antrag auf Zusammenlegung, so dass wir wieder zusammenkommen konnten. Nach einer Woche – Margit war, im Frauenhaus, schon bald am ausrasten - klappte es dann auch. Das SOZ in Tiergarten stellte uns ein Zimmer in der Nähe der Turmstrasse zur Verfügung; Es war auch ein Wohnheim. In dem Fall lebten wir in einem Zimmer, nicht größer als eine Knastzelle. In Diesem befand sich ein Bett, für zwei Personen (1,40 x 2,00), 1 Stuhl, 1 Tisch, 1 Schrank, und ein Aschenbecher. Genug für Zwei Leute!

Das erste was ich tat, nachdem die Habseligkeiten ausgepackt waren, zum nächsten A&V und einen Fernseher gekauft; damals 80 DM. Nun ja, so konnte man es sich erst mal gemütlich machen. So eingepfercht lebten wir ca. ein halbes Jahr, bis Sie schließlich in einer Kneipe eine Arbeit, als Kellnerin, fand. Es war eine kleine Eckkneipe im Stadtteil Schöneberg.

Tja, und hier lernte sie auch einen Typen kennen, und ging mit ihm fremd, wie sich später herausstellte. Ich wunderte bloß darüber, dass ich kaum noch Sex bekam. Bis ich sie eines Tages zur Rede stellte, und sie dann die Sache beichtete. Sie hatte wohl von diesem Lotterleben die Nase voll, denk ich. Wir trennten uns, einigermaßen, friedlich. Dann hatte ich endlich, arbeitsmäßig, auch mal Glück. Der Senat von Berlin, Abteilung:

Arbeit und Frauen, gab mir eine Umschulung zum PC – Fachmann; für 2 Jahre. Auch hier erlebte ich eine Menge Interessantes.

Kapitel 12 : (Berlin 2)

Der Ort der Umschulung war der ehemalige Osten der Stadt; Prenzlauer Berg in der Nähe der Schönhauser Allee. Wenn man durch diesen Stadtteil zieht (so war es zu Mindestens vor ca. 20 Jahren ...), bemerkt man heruntergekommene Bauten, viele Chinesen und viel Elend auf den Straßen.
Hier hatte ein Schulungsunternehmen Platz gefunden, welches hauptsächlich mit Leuten aus der unteren Arbeiterklasse, arbeitete, also Sozis. Der Chef vom Unternehmen, ein lockere Typ, mit Glatze, brachte uns

innerhalb der Jahre, in gepackter Form, Sämtliches bei, was mit dem PC zu tun hat. Angefangen vom Arbeiten mit MS Word, bis rüber zur Gestaltung von Texten und Grafiken, oder auch die Einrichtung eines Microsoft Netzwerkes. Gelernt hab ich hier wirklich eine ganze Menge. Zum Abschluss bekam Jeder ein Zertifikat in die Hand, und konnte sich nun „Fachmann für Computergestützte Datenerfassung und Präsentationsgestaltung von Texten und Grafiken" nennen. Toller Titel nicht? Ein Gutes, hatte die Schule außerdem: Aus Schulkameraden wurden Freunde. Mit dem Einen, hätte ich mich beinahe, als Musiker, selbständig gemacht (Wir waren hinterher doch zu faul). Mit Anderen hab ich Koks genommen und uns in den Stunden totgelacht. Mit wieder

Anderen hab ich Nachmittage verbracht. Alles in allem hatte ich eigentlich nur gute Kameraden. Von zweien, welche mir ans Herz gewachsen sind möchte ich berichten. Die erste Person ist eine junge Frau; Margitta ist ihr Name. Wenn einer behauptet, es gäbe keine Freundschaft zwischen Mann und Frau, der weiß es halt nicht besser. Es hatte sich eine Freundschaft gebildet, welche man auch platonische Liebe bezeichnen konnte. Der eine konnte, Gedanklich, nicht ohne den Anderen. Und woher rührte das Alles? Durch Unterhaltungen und dem gegenseitigen Verstehen. Einige Männer nennen mich vielleicht ein „Frauen-Versteher", aber das stört mich nicht weiter. Ich hab ihre Gedankenabläufe einfach verstanden. Ich konnte mich mit Ihr Stunden, -

Nächtelang über Gott und die Welt unterhalten. Es gab immer irgendetwas zu erzählen. Das Gute war außerdem, sie rauchte wie ein Schlot Haschisch; so wie ich. Vielleicht kam der gute Gedankenaustausch auch davon. Bei unserem ersten Zusammentreffen, in der Schule, hatte sie mich etwas misstrauisch angesehen, aber nach einem zweiten Blick haben wir angefangen zu quatschen wie alte Freunde. Es folgten gemeinsame Unternehmungen, das gemeinsame Brettspiel am Abend, der Joint den man sich teilte oder auch der Zug durch Kneipen um Flipper zu spielen. Nebenher muss ich noch einen Mann erwähnen, der Sie schon länger, als ich, kannte, 15 Jahre an der Nadel gehangen hatte, aber schon mehrere Jahre Clean war. Er war fast jeden Tag bei Ihr, genauso wie ich. Mit den

Beiden konnte man wirklich Pferde stehlen. Wissen sie was noch lustig war? Haben sie schon mal Omas gesehen welche Dealer sind? Ihre Mutter war manchmal diejenige Welche, die das Zeug übergab und auch das Geld kassierte. Echt niedlich. Diese Freundschaft, welche auch immer mal getrübt wurde, durch einen Typen der sie angeblich liebte und absoluter Besserwisser war, hielt ganze vier Jahre. Natürlich hab ich versucht an Sie heranzukommen. Aber Sie schien in mir nicht Ihren Traummann gefunden zu haben, obwohl Sie mir immer wieder Ihre Freundschaft beteuerte. War es im Suff oder wegen ihrem Ex, keine Ahnung, einmal ist es uns sogar mal passiert im Bett zu landen. Aber mehr als Petting war nicht gelaufen. Am nächsten Morgen war die Bindung noch stärker obwohl sie es nicht zugeben wollte. Sie ging gleich darauf hin zu Ihrem EX zurück. Erst später, wo meine jetzige Frau auf der Bildfläche erschien, schien sie es zu bedauern, so glaubte ich es in ihren Augen gesehen zu haben. Wie ich meine Frau kennen lernte, davon berichte ich später.

Kapitel 13 : (Berlin 3)

Zwischen der Schule und meiner „Beziehung" mit Margitta, lag die Bewerbung um einen Job. Ich war inzwischen, in Steglitz, in einem betreuten Wohnen gelandet, und hatte dort ein spärlich eingerichtetes Zimmer. Von dort aus ging ich dann arbeiten. Angefangen hatte ich als Bürogehilfe in einem Taxiunternehmen. Doch es war wohl nicht meine Berufung als „Tippse" zu arbeiten, also hatte ich den Job genau 2 Monate. Dann kam eines Tages der Brief vom Kreiswehrersatzamt. Also hatte sich die Sache mit dem Job erst mal erledigt. Ich war 24 Jahre alt und sollte zum Bund. Na ganz toll. Normalerweise wird man ja bis spätestens 20 gezogen, aber weil ich so viel in Deutschland unterwegs war, hatten sie mich wohl nicht eher gefunden. Also hieß es erst mal hin zur Musterung. Das Amt befindet sich im Osten, auf einem großen Gelände, einer ehemaligen Russen - Kaserne. Hier saß ich nun wartete mit ein paar Jugendlichen zusammen auf den Doktor, der die die „Eier" untersucht. „Sind doch alle Schwul" lästerten ein paar Jungs um mich herum, und ich konnte mein Lachen nicht verkneifen. Was denen noch mehr Auftrieb gab:"

Wenn du einen Ständer kriegst, findet der das bestimmt toll". Nach ein paar weiteren Lästereien und einer Stunde Wartezeit, rief mich der Amtsarzt herein:" Herr S. bitte!" Es empfing mich ein etwas älterer Herr, mit Nickelbrille, zusammen mit seiner Krankenschwester, welche mich beim Eintreten ins Zimmer verheißungsvoll ansah." Ja, dann machen Sie sich mal frei, bis auf die Unterhose!", lächelte der Arzt. Ich zog mich also aus, und beobachtete ihn und die Schwester aus den Augenwinkeln. Beide sahen sich bloß teilnahmslos an und diskutierten über Irgendetwas. Nach der normalen Hauptuntersuchung kam der Akt der „Klötenkontrolle". Mit einem speziellen Griff, fasste er mir an die Hoden. Dann hieß es Husten und damit war die Sache abgeschlossen. Offenbar war das diese Untersuchung

worüber sich alle Lustig machten. –
Welch ein Kinderkram – Zum Abschluss
gab es noch ein Gespräch mit meinen
Vorstellungen und die Zuteilung des
Tauglichkeitsgrades. Ich hatte T3.
Damit war die Musterung beendet und
ich konnte nach Hause fahren. Nach
dem ich draußen war; Margitta
wartete mit dem Fahrrad auf mich,
haben wir erst mal diskutiert, ob es
nicht eine Möglichkeit gäbe zu
verweigern. Ich hatte wirklich keine
Lust auf 12 Monate Bund. Doch, leider
Gottes, es war zu spät. Ich hätte den
Widerspruch, gepaart mit einem
ellenlangen Brief, warum man
verweigern wollte, schon 2 Monate vor
der Musterung abgeben müssen. Also
war ich jetzt gezwungen auf den
Einberufungsbefehl zu warten. Tja, der
kam dann auch 14 Tage später. Darin
stand dass ich die

Grundausbildungszeit in Holland absolvieren sollte, und dass ich bei der Luftwaffe eingeteilt wurde. Anhängig war dem Brief ein Ticket für den ICE – Zug. Und dieser sollte mich genau bis Büdel, einem Dorf 50 Km hinter der holländischen Grenze bringen. Einberufung war zum 01.01.1992. Missmutig ging ich am nächsten Tag zum Bahnhof und erkundigte mich nach der Fahrroute. Ich hatte noch weitere 14 Tage Zeit. Die Tage, bis zur Abfahrt vom Zoologischen Garten, vergingen wie im Fluge. Vielleicht hatte ich mir in den verbleibenden Tagen wahrscheinlich 1000-mal gewünscht sämtliche Kasernen Deutschlands würden verbrennen, aber dem kam leider nicht so. Dann war es soweit. Margitta stand mit mir oben am Bahnsteig und wartete, das der Zug abfuhr. Wir rauchten den letzten Joint zusammen, dann erfolgte das Abfahrtssignal.

Nach einer Fahrt von ca. 2 Stunden kam ich am Bahnhof des kleinen Dorfes, Büdel, an. Doch wie weiter? Da der Zug mit etwas Verspätung ankam, stand natürlich der erwartete Bundeswehr Wagen nicht mehr da, um mich abzuholen. Ich bin dann erst einmal in die nächste Pinte gegangen, hab auf Englisch nach einem Telefon gefragt, und hab in der Kaserne angerufen, dass Sie mich abholen. Um die Wartezeit abzukürzen, trank ich in der Kneipe noch einen Kaffee. Es war inzwischen Abend geworden. Nach einiger Zeit kam ein junger Soldat die Tür hinein, schaute umher und entdeckte mich schließlich am Tresen. Schnurstracks kam er auf mich zu und fragte mich, ob ich besagter Mann wäre, der abzuholen sei. Ich bejahte, und er fing an, mich erst mal anzumachen, warum ich jetzt erst zur Einheit erschienen sei. Ich konnte es nur, mit der Verspätung des Zuges begründen. Nach den Gerüchten, die ich über die Bundeswehr gehört hatte, hatte ich jetzt schon die Schnauze voll, und nun musste man sich von einem ca. 20 Jährigen People anmachen lassen. – Na ganz toll – Ich wurde im BW-Bulli verfrachtet und es ging ab, in die Kaserne. Nach 10 Minuten standen wir vor dem Tor, wo wir von einem noch jüngeren Soldaten angehalten wurden, um die BW-Einlasskarte zu zeigen. Ich schätzte ihn auf höchstens 19 Jahre. Man muss dazu sagen, dass man als Terrorist hätte kaum eine Chance gehabt hätte, reinzukommen, da auf Sicherheit größten Wert gelegt wird. Alles war in Ordnung, und wir fuhren weiter zum

Hauptgebäude, welches nun für 6 Monate mein neues Zuhause sein sollte.

(Zur Erklärung, falls man sich wundert: Die damalige Grundausbildungszeit betrug noch 6 Monate) Der „Spies", so nennt man die Nachtwächter, brachte mich, nach einer kurzen zackigen Begrüßung, auf mein Zimmer, welches ich mir fortan mit 8 Kameraden teilte. Alle lagen in ihren Doppelstockbetten, und grunzten vor sich hin. Das würde ein „Hallo" am nächsten Morgen geben, wenn sie mich sehen würden! Der nächste Morgen, oder besser die gleiche Nacht: Es war 5 Uhr morgens, gellte uns eine kräftige Stimme aus dem Bett:" Kompanie aufstehen, Kompanie aufstehen! 15 Minuten zum Appell." Ich wär am liebsten aufgesprungen und hätte den Typen zusammengeschlagen; ich hatte gerade drei Stunden geschlafen. Doch da half kein Meckern, man musste raus. Da es für alle anderen auch die erste Nacht, hier, war sahen sie genauso schlaftrunken aus wie ich, und bemerkten mich erst mal gar nicht. Angesprochen wurde ich schließlich im Waschraum. Ich gesellte mich, mit meinem Waschzeug zu einem der vielen Waschbecken und putze mir die Zähne. „Ach du bist also der Alexander S., Ja?", wurde ich von hinten angesprochen. Man hatte wohl schon von mir berichtet, dass ich verspätet kommen würde. Ich drehte mich um und sah einen Typen mit Ziegenbart, der mir freundlich entgegen grinste. Ich schätzte ihn auf etwa mein Alter. „Ja, Ja. Der Zug hatte Verspätung. Freust du dich auch, so wie ich, hier zu sein?", fragte ich sarkastisch zurück. „Natürlich!" kam es genauso zurück.

Dann war es Zeit für den ersten Morgen-Appell. Der Oberstleutnant, ein junger Mann zwischen 25 und 30, bellte uns an, wir sollten uns nebeneinander in einer Reihe aufstellen. Dann kam ein „Guten Morgen Kompanie!" und danach stellte er sich persönlich vor. Dieser war also unser Kommandant; ein Unteroffizier, für die nächsten Monate.

Tja, und was das für Monate waren: Angefangen haben wir im Winter. Das hieß: Bei Minusgraden im Schnee rumrobben, G3 zusammensetzen oder auseinander bauen, Theoretische Schulungen, Schießübungen und Gewaltmärsche von 20 Kilometern. Dann im Frühling, im Matsch rumrobben, G3 zusammensetzen oder auseinander bauen, Theoretische Übungen, Schießübungen und Gewaltmärsche von 20 Kilometern.

Nebenbei lernte man noch, die Sauberkeit seines Spintes zu beherrschen. Es gab ein Infoblatt, wo genau nachzusehen war, wie man Helm, Stiefel, und Klamotten praktischerweise in seinem kleinen Spint unterzubringen hat. Das wurde hinterher kontrolliert! Wehe, die Hemden waren nicht auf DinA4 gefaltet. (Wird mit einem DinA4 Blatt gemacht)Der Unteroffizier räumte dann den kompletten Spint aus.

Dann kamen die Mahlzeiten; typisch für Holland: Käse mit Weißbrot, Eintopf oder Eintopf und Käse mit Weißbrot. Sehr abwechslungsreich! Zum Glück gab es einen Shop in der Kaserne, wo man dann etwas Anderes kaufen konnte als Käse und Weißbrot. Hier kaufte ich mir übrigens mein Zippo Feuerzeug, welches ich heute noch, nach 12 Jahren benutze. Ein

Gutes hatte die Grundausbildung hier im Ausland: Man bekam den doppelten Wehrsold, auf Grund des Auslandeinsatzes. Außerdem, konnte man wenigstens jedes Wochenende nach Hause fahren, was natürlich das Highlight war. Mit Bussen wurden wir immer zum Bahnhof gebracht. Auf dem Weg dahin und nach Hause, haben wir gesoffen wie die Löcher. Dann war, irgendwann, die Grundausbildung vorbei. Der Abschluss sollte die Vereidigung sein. Am jenem Tag, sahen wir aus wie gestriegelt. Alle Mann in blauen Uniformen, mit dem orange Farbigen Emblem der Luftwaffe, lackierten Stiefeln und dem G3 in der Hand exerzierten wir in Richtung des großen Platzes, wo dann der General die Ansprache hielt. Es war einiges an Eltern gekommen. Zwischen all dem Blitzlicht Gewitter sah man deren stolzen Augen, welche bewundernd in Richtung ihrer Söhne blickten. - Meine Stiefeltern waren nicht mit dabei. – Die Vereidigung war vorbei, nun hatte man den Dienstgrad eines Gefreiten. Wir waren stolz wie Gockel, weil jetzt der, der noch keine Streifen hat, vor uns Haltung annehmen musste; fiktiv gesehen.

Aber leider war die Bundeswehrzeit hiermit noch nicht beendet. Am nächsten Tag, zogen ca. 3000 Mann von Büdel nach Kiel um. Jetzt, da man die Grundausbildung geschafft hatte musste man die letzten 9 Monate in der Stabskompanie verbringen, und die befand sich ca. 10 Kilometer von Kiel entfernt, in einem Dorf namens Eckernförde. Also wurden wir alle, bepackt wie die Esel (Seesack, Rucksack und Kleinkram), in einen Zug gesetzt; Es wurde eine lustige Fahrt in

den Hohen Norden Deutschlands. Nach
ca. 5 Stunden reiner Fahrzeit kamen
wir in Eckernförde an. Die Kaserne ist
ein Neubau, aus rotem Klinkerstein
und unterteilt in verschiedenste
Armeen, auf einem Gelände was
mindestens 10 Quadratkilometer
misst. Es gibt dort die Kasernen der
Marine Kampftaucher, von denen
schon jeder mal was gehört hat, Die
Feldjäger, von jedem verhasst weil sie
halt die Bundeswehr Polizei sind, und
wir: Die Luftwaffensicherungsstaffel;
auch verhasst, weil wir angeblich nur
leichten Dienst tun. So kam es hin und
wieder zu Kämpfen zwischen
Feldjäger, Marine und Luftwaffe.
Erlebt hab ich so was nicht, aber
davon gehört. Wir hatten unsere
Kaserne bezogen und natürlich war
erst mal die Devise: Alles auspacken,
ordentlich auf DinA4 falten, und die

Spinte, mit Fotos nackter Frauen
bekleben. Nachdem das erledigt war
ging es zur Begrüßung des Kasernen
Generals auf den Sportplatz. Der
scherzte erst mal und ich stellte fest,
dass es ein netter Mann sein musste,
so wie er sprach. Danach war unser
zugeteilte Oberoffizier dran, der uns
erklärte, an was wir uns alles zu halten
hätten, die Zeiten wann wir, nach
Ausgang, wieder in der Kaserne zu sein
hätten, und so weiter und so fort. Das
Ganze dauerte ca. 2 Stunden, danach
war Abmarsch zum Essenfassen. Hier,
in der Kantine, haben wir in Luxus
geschwelgt, muss ich sagen. Die
Speisen waren vom Feinsten: Aus
einem reichhaltigen Frühstücksbüfett
konnte man sich aussuchen was man
essen wollte, und selbst die
Mittagessen und Abendbrote waren
hervorragend, halt nicht do wie in

Holland (Käse, Weißbrot und Eintopf).
Versorgt wurde man also bestens. Die
erste Zeit war, die Kaserne ganz lustig,
sowie auch die neuen Kameraden, die
aus verschiedensten Gebieten
Deutschlands kamen. Man hatte
zusammen Monopoly gespielt, oder
Video geschaut, wenn nichts zu tun
war. (Kam recht häufig vor)
Doch dann fingen einige Kameraden
an, Gerüchte in die Welt zu setzen, die
Andere, so auch mich, vor Unseres
Gleichen schlecht da stehen ließen.
Z.B. dass man schwul wäre, oder man
wäre ein Jude. Der rassistische
Gedanke war auch hier stark
verbreitet. Wenn solche Gerüchte in
der Welt waren, war es schwer die
Anderen vom Gegenteil zu
überzeugen. Wahrscheinlich sorgte ich
selbst manchmal für blöde Reden, da
ich halt manchmal beim „saufen" nicht

so mitzog. Aber war das ein Grund für Quälereien, welche hinter her kamen? Man „pisste" mir aufs Bett, verhöhnte mich und so weiter. War keine schöne Zeit. Irgendwann hatte ich regelrecht Angst die Kaserne zu betreten. Manche werden fragen:" Warum hat er sich nicht gewehrt, oder ist zum Oberst gelaufen?" Versuchen Sie sich mal gegen fünf Mann zu wehren, oder zu petzen! Entweder man haut dem erst Besten auf die Fresse, oder das war's; man ist ein Feigling. Ist halt so. Getraut hab ich mich nicht. So kam es, dass ich immer häufiger zum BW-Krankenhaus ging, und mich krankschreiben ließ. Ich hatte noch 3 Monate Bund vor mir. Dann kam mir eine andere Idee. Ich bin einfach zu Hause geblieben, doch das ist hochgradig verboten. Man kommt unweigerlich in den Knast dafür. Man nennt so was Fahnenflucht.

An den Tag, als mich die Feldjäger abholen wollten, erinnere ich mich noch ganz genau. Ich saß gerade, beim meinem Kurdischen Kumpel Hakan und seiner Freundin im Zimmer. Ihn, sowie Sie hatte ich hier, in dem Betreuten Wohnen kennen gelernt, und mich auch gleich gut mit ihnen verstanden. Meistens verbrachten wir viel Zeit, beim Spielen mit der Playstation, zusammen. Nun saßen wir an diesem Abend also beieinander, bei einem Glass türkischen Tee, als es plötzlich klopfte. Eigentlich konnte es nur der Psychologe sein, der immer nach unserem Befinden fragte. (Deswegen betreutes Wohnen) Da ich nun aber auf der Flucht, vor der Bundeswehr war, und ein komisches Gefühl in der Magengegend äußerte, meinte Hakan, ich solle mich hinter dem Vorhang im Flur, verstecken; er würde es schon deichseln.

Gesagt getan. Ich schlich leise hinter den Vorhang. Es klopfte wieder, diesmal energischer. Yilmaz öffnete die Tür, davor stand der Psychologe zusammen mit zwei Herren, in Bundeswehruniform; so erzählte er später. Da der Vorhang zur Abstellkammer, sich direkt neben der Tür befand, konnte ich jedes Wort verstehen, musste aber Angst haben nicht entdeckt zu werden. Ich verhielt mich ganz ruhig und hielt den Atem an. Die Herren fragten ob zufällig ein Herr Alessandro de Blasi anwesend sei. Hakan sagte: "Nein", dann kam noch ein zackiges:" Auf Wiedersehen", dann waren Sie wieder weg. Soviel dazu. Woher der Psychologe wusste, dass ich hier bei ihm sein konnte, war mir nicht klar. Vielleicht hatte er uns schon zusammen gesehen? Hakan holte mich wieder hervor, und wir atmeten auf.

Beim nächsten Mal, besser gesagt gleich am nächsten Tag, hatten die Feldjäger mehr Glück: Es war 6:00 Uhr morgens. Ich war gerade in den schönsten Träumen, als es wieder, ziemlich heftig, an meiner Tür hämmerte. Diesmal wusste ich instinktiv wer da an der Tür war. Schlaftrunken öffnete ich diese. Es standen, wie schon erwartet, die Bundeswehrmänner davor, zusammen mit dem Betreuer. Sie sahen mich, und es hieß ziemlich barsch:" Anziehen, Mitkommen!" Der Betreuer sah mich bloß groß an. Widerwillig zog ich mich an, und wurde abgeführt. Ich kam mir vor wie ein Schwerverbrecher. Erst wollten Sie mir Handschellen anlegen, nachdem ich aber beteuerte, nicht davon zu laufen, ließen Sie davon ab. Ich wurde in einem VW-Golf der Bundeswehr verfrachtet, und es ging erst einmal in die Kaserne in Berlin, am Kurt-Schuhmacherdamm. Hier sollte ich auf den Abtransport zur Kompanie warten. Und ich wartete. Geschlagene 5 Stunden, in einem etwas größeren Raum, mit Gittern vor dem Fester und Doppelstockbetten. Rauchen durfte ich auch nicht. Innerhalb der Wartezeit kam dann noch ein Typ rein, der auch auf der Flucht war, aber aus einer Kaserne aus Braunschweig stammte. Mit ihm hab ich mich dann unterhalten. Als man mich schließlich da raus holte war es Abend geworden. Freundlich bot man mir an, eine Zigarette zu rauchen, bevor es zurück zur Stabskompanie gehen sollte. Das ließ ich mir nicht zweimal sagen. Wie ein Süchtiger zog im am Glimmstängel. In Eckernförde sollte ich dem Kasernenkommandanten vorgestellt werden, welcher dann entscheiden sollte, ob ich den Knast komme oder nicht. Der Haftgrund wäre, wie schon gesagt, Fahnenflucht gewesen. In Gedanken malte ich mir schon die Knastzelle aus. Nach einer dreistündigen Fahrt kamen wir in meiner Stabskompanie an. Es war spät geworden. Der Kommandant, ein freundlicher alter Mann, fing an mich nach meiner Flucht zu befragen. Jetzt kam endlich meine Geschichte zu Tage, an welcher ich, gedanklich, die ganze Zeit gearbeitet hatte. Ich erzählte ihm, dass ich beobachtet hätte, wie in der Nachbarkaserne, von zwei Männern, Drogen verkauft würden. Da die mich aber wiederum gesehen hatten, mir eine Knarre an die Schläfe gehalten und gedroht hatten, mich umzubringen, wenn ich etwas erzählen würde, wäre ich davon gelaufen. Ich wäre, psychisch so am Ende, dass ich nachts, vor Angst, nicht schlafen könne. Um die Geschichte noch zu untermalen hab ich dann vor Ihm, scheinbar aus Angst, angefangen zu weinen. Der Bluff klappte. Er riss ungläubig die Augen auf, befahl eine Einweisung ins Bundeswehrkrankenhaus, und die Untersuchung durch die Polizei. Nun ja, im Krankenhaus war ich ca. eine Woche und ließ es mir gut gehen. Dann aber, kam der Wendepunkt für meine Story. Eines Tages stand die Kriminalpolizei vor meinem Krankenzimmer und nahm mich auf das Revier, zu einem Verhör mit. Hier sollte ich die Geschichte nochmals berichten. Also, erzählte ich es noch mal so, wie ich es, scheinbar, in Erinnerung hatte. Doch das blöde war, die hatten irgendwie etwas herausgefunden. Sie glaubten mir kein einziges Wort. Erst freundlich, dann aber immer bestimmter, bellten Sie mich an, die Wahrheit zu sagen. Tja, bei einem Kreuzverhör hat man nicht viel Chance, als kam es dann nach ca. 2 Stunden zur Wahrheit. Ich erzählte, mit gesengtem Blick, von den Belästigungen, dem Mobbing, der Kameraden, mir gegenüber. Das ich Angst hätte, denen zu begegnen. Die Polizisten erklärten mir, die Angst wäre JETZT sogar begründet: Sie hatten diese Kaserne auf den Kopf gestellt und durchsucht. Dass dadurch dessen Soldaten sauer wären, könne ich mir ja vorstellen. Tja, nachdem das nun geklärt war, brachte man mich wieder zum Kommandanten. Jetzt war er nicht mehr so freundlich. Wütend, brüllte er mich an, was mir einfallen würde solche Geschichten in die Welt zu setzen, dann aber sagte er etwas, was mich sehr freute. Um mal kurz anzumerken: Man kann in der Bundeswehr nicht gekündigt werden. Doch dieser, speziellen Fall war anders. Der Kommandant, ließ mich einfach *unehrenhaft* Entlassen. So hatte ich nur Zwei anstatt der Drei Streifen, des Hauptgefreiten. Aber wissen Sie, wie egal mir das war? Ich hatte was ich wollte. Meine Freiheit, nach 9 Monaten. Ich hab's dem Kommandanten nicht gezeigt, aber ich war glücklich. Am gleichen Tag durfte ich noch meine Klamotten packen, die man behalten konnte (Zwei Paar Stiefel, Hemden usw.) und wurde mehr oder weniger Unfreundlich zum Bahnhof gebracht; mit der Zusage mir das nächste Mal auf die Schnauze zu hauen, wenn man mich hier noch mal sehen würde. – Sehr freundlich –

Ich weiß nur noch, dass die Kameraden, die zusammen mit mir auf dem Zimmer gelegen hatten, ziemlich staunten, als ich ihnen sagte, dass ich Entlassen war. Sie musste ja noch bleiben.

So kam ich wieder zurück nach Berlin. Hier konnte ich mich wieder voll und ganz der Suche nach einem Job, und meiner Freundin Margitta widmen. Wobei der Job erst mal nebensächlich war. In meiner nun gewonnen Freizeit verlebte ich, mit Ihr, schöne Stunden des Tischtennisspiels, Radfahrens oder Kneipenganges. Zwischenzeitlich bin ich von dem betreuten Wohnen, in ein anderes Asyl, ein paar Straße weiter, gezogen. Hier lebte ich mit Türken, Arabern und Indern in einem vom Sozialamt gesponserten Haus, welches im Übrigen etwas heruntergekommen war. Es gab eine große Gemeinschaftsküche, die 4-6 Personen Zimmer und die Gemeinschaftklos. Das Klosett war übrigens regelmäßig vollgeschissen, weil die Indischen Bewohner meinten, beim Kacken auf der Klobrille, stehen zu müssen.

Ich hatte Glück, ich lag auf einem 3 Mann Zimmer, das von einem Mann bewohnt wurde, der wie sich später rausstellen sollte Bisexuell war. Hier lebte ich mich schnell ein, kochte mir selbst mein Essen, und war hinterher sogar berühmt, für meine selbstgebackene Pizza oder die selbstgekochte Bolognese. (Geschirr, Töpfe und Pfannen sowie einen kleinen Pizza-Backofen besorgte ich mir vom An – und Verkauf) Mein Zimmerkamerad war eigentlich ganz in

Ordnung. Außer dass er versuchte mich anzumachen, und unter der Decke masturbierte in meinem Beisein. Das fand ich dann nicht mehr komisch. Wie oft wollte ich ihm dafür auf die Fresse hauen, oder dafür, dass er mir Lebensmittel stahl und hinterher noch so doof tat, aber ich bin und werde es immer sein: Zu gutmütig. Irgendwie tat er mir dann doch ein bisschen leid.

Es gab noch einen anderen Bewohner, der zwar selten da war, aber dafür dann immer besoffen. Bei einer Flasche Schnaps textete er mich zu und erzählte von seiner Frau, welche ihn rausschmiss. Ansonsten war der auch in Ordnung.

Zwischen der Zeit mit Margitta verbrachte ich dann noch etwas Freizeit mit Hakan; war mit ihm auf dem Fahrrad unterwegs. Er hat mir

immer von seiner Familie erzählt, dass
sie ihn verstoßen würde und wollten,
dass er in der Türkei ein fremdes
Mädchen heirate.
In diesem neuen Asyl wohnte ich, bis
ich Heike kennen lernen sollte....

Manche werden fragen, warum ich
Zeiten der Armut als schön bezeichne.
Es ist ganz einfach: Wenn man Nichts
hat, oder nur vom Mindesten leben
muss, so kann eine Unterhaltung, ein
gemeinsames Kartenspiel oder eine
Unternehmung schon die Erfüllung
sein. Ich kannte in den vielen Jahren,
nichts Anderes als Armut.

Schon der zweite Heute: Ein älterer Kunde erzählt mit Tränen in den Augen von seiner Frau, wie sie in seinen Armen verstorben ist.
Aber genau in diesem Augenblick trifft eine Kundin mit einem Neugeborenen Baby hier ein. War das Zufall?

Kapitel 14 : (Berlin 4)

Es war der 1. Mai 1995. Herrentag. Ich war mit einem Kumpel, den ich noch von Margitta her kannte, unterwegs in den Kneipen, um sich die Hucke voll laufen zu lassen, wie Männer das ja so tun an diesem Tag. Irgendwann kamen wir, mehr oder weniger angetrunken, am Alexanderplatz an, wo in diesem Moment ein Country – Fest stattfand. Wir hatten vor, in der Kneipe, unter der S-Bahn Brücke, noch schnell ein

Bier zu trinken, und dann auf das Fest zu gehen. Als wir die Kneipe betraten bekamen wir mit, dass es eine Schwulenkneipe war, doch das störte uns nicht weiter. Wen interessiert es? Wir setzten uns gemütlich an den Tresen und bestellten uns, Jeder, ein Bier. Hier wurde ich von einer jungen Frau angesprochen. Sie war sehr hübsch. Ich kam sofort mit Ihr ins Gespräch. Ich fragte sie, was eine solch hübsche Frau hier, in einer solchen „Männerkneipe" täte, und sie erklärte, dass ihr Mann Bisexuell währ. Sie war aber gerade dabei sich von Ihm zu trennen. Was soll man schon sagen: Ich hatte, für den nächsten Tag, um 15 Uhr, ein Date mit Ihr am S-Bahnhof Köpenick. Das ich diesen Termin nicht einhalten hätte können, davon wusste ich jetzt noch Nichts.

Mein Kumpel drängte inzwischen darauf, zum Fest zu eilen, also verabschiedete ich mich höflich von Ihr, und versprach pünktlich da zu sein. Wir begaben uns in Richtung Fernsehturm. Davor war eine Bühne aufgebaut, auf Dessen, eine Gruppe Live Musik spielte. Offenbar spielten Sie gut, denn die ca. 200 Menschen, welche sich davor versammelt hatten, tanzten begeistert, im Takt der Musik, mit. Wir gesellten uns dazu. Plötzlich sah ich eine junge Frau, ein Paar Reihen vor mir stehen, welche sich gerade mit einem etwas jüngeren Mädchen unterhielt. Beide hatten einen Plastikbecher, gefüllt mit dem Bier was man hier an den Ständen kaufen konnte, in der Hand. Ich beobachtete sie, wie so den Takt der Musik verfolgte, und sehr fröhlich dabei war. Ich fand sie auch sehr hübsch. Plötzlich, schien es, als hätte Sie meine Blicke gemerkt. Sie drehte sich um, und sah mir lächelnd, direkt ins Gesicht. Irritiert versuchte ich dem Blick auszuweichen, doch bemerkte ich, dass Sie nicht davon abließ mich anzusehen. Ich schien wohl ihr Interesse geweckt zu haben. Dann kam Sie lächelnd auf mich zu, mit dem Bier-Becher winkend, so nach dem Motto, mir einen Schluck davon abzugeben. Wie sollte ich reagieren? Aber die Sache war einfacher als ich dachte. Sie fing einfach an sich mit mir zu unterhalten; ob mir das Fest gefallen würde, ob man ein Bier zusammen trinken wolle. So kam man schnell ins Gespräch. Na ja, und dann viel mir, zwischenzeitlich, nichts Besseres ein, als zu fragen, wo das Klo wäre, weil ich wirklich dringend mal musste. Damit hatte ich sie erst mal geschockt.

Später erzählte sie mir, Sie hatte gedacht, ich wolle sie auf dem Klo vergewaltigen. Sie erzählte außerdem, dass Sie mich schon vorher gesehen und zu Ihrer Freundin gesagt hatte, dass sie mich anmachen wolle. Was Ihr ja auch gelang. Nun ja. Von Ihr erfuhr ich dann, nachdem Sie mir erzählte, dass Sie Heike heiße, dass Sie zwei Kinder hätte, und beides Mädchen waren. Die eine wäre 9, die Andere 12 Jahre alt. Die jüngere würde Melanie heißen, während die Ältere Jeanine genannt würde. Außerdem berichtete sie dass sie einen Freund hätte, der aber jähzornig wäre, und sie im Suff schlagen würde, worüber ich sehr wütend wurde. Männer, die Frauen schlagen sind in meinen Augen Feiglinge, weil sie zu Schwach sind, zu Argumentieren. Wie konnte man eine so hübsche Frau schlagen? Bei näherer

Betrachtung fielen mir ihre Augen auf:
Sehr schön, Blau und glänzend.
Typischer Schlafzimmerblick.
Zu mir konnte ich nicht viel mehr
sagen, als dass ich einem Wohnheim
wohnen würde. Obwohl - so wie ich
angetrunken war, soll ich Ihr wohl
meine halbe Lebensgeschichte
aufgetischt haben, so berichtete sie
irgendwann später.
Nachdem das Fest zu Ende war,
verabschiedeten wir uns, küssend, von
Einander am U-Bahnhof. Ich versprach
sie am nächsten Tag zu treffen. Das
hieß ich konnte den Termin mit der
Frau aus der Bar nicht einhalten. (Erst
kriegt man jahrelang Keine, dann
kommen sie in Scharen!)
Ein Problem gab es für unser
Zusammensein aber doch:
Wir konnten uns nur heimlich treffen,
da Sie ja noch den Freund hatte. Meist

traf ich mich mit ihr am U-Bahnhof Weberwiese, wo wir dann auf einer Holzbank rumknutschten. Doch dann erfuhr ER von uns. Besser gesagt, sie erzählte es Ihm am Tag nach Herrentag. Sie wollte ehrlich sein und Ihm von dem „Neuen" erzählen. Die Folge war: Am folgenden Tag, als ich sie wieder traf, hatte sie ein blaues Auge. Ich hätte ihn am liebsten umgebracht. Aber ich kam nicht an ihn ran, weil sie sagte ich solle es bleiben lassen. Ich ging zwar später noch vorbei, wurde aber von einer Ihrer Freundinnen aufgehalten und zur Ruhe gemahnt.

Trotz ihrer nun noch blaueren Augen: Es vergingen die Tage wie im Fluge, mit Dingen, die frisch Verliebte halt so tun. Knutschen, Scheiße quatschen, die rosarote Brille und die gegenseitigen Besuche; einmal im Heim oder bei Ihr auf Arbeit.

Sie arbeitete im Bezirksamt in der Poststelle, wo ich sie besuchte und blöde Blicke, ihrer neidischen Kollegen erntete. Die hatten wirklich Haare auf den Zähnen.

Wochen später beschlossen wir zusammen zu ziehen. Es sollte eine Vierraumwohnung, in Friedrichshain, in der Straße der Pariser Kommune sein. Wir mieteten diese an; alles klappte ganz gut.

Doch dann hieß es: Die Klamotten, aus der alten Wohnung herauskriegen. Der Ex war auch da. Es war das erste mal dass ich Ihm begegnete. Innerlich kochte ich, auf Grund des Vorfalles am Herrentag.

Mit drohendem Blick sah er mich an und fing an Sie anzukeifen: Es ging um die Sachen. Sie keifte zurück, dass er sich doch bitteschön eine Wohnung zu besorgen hatte. Ich hielt mich erst mal heraus, bis er anfing Sie anzuschreien, da hab ich ihn angemacht, er solle so was doch bitte unterlassen, man könne doch in ruhigem Ton miteinander reden. Getraut, Sie anzufassen, hat er sich nicht, bis es um einen Hasen ging. - Ein blöder Hase und dessen Bauer. – Beide waren der Meinung der würde der Eigene sein. Na Toll. Die Sache eskalierte, als er anfing nach dem Käfig zu greifen, sie dabei zur Seite schubste und sie ihrerseits versuchte danach zu greifen. Nun mischte ich in diesem Handgemenge mit. Ich schubste nun Ihn zu Seite, er wehrte sich. Schließlich landeten wir an einander rummachend auf einer Couch. Sie zog uns, mit etwas Kraft Aufwendung, auseinander. Komischerweise liefen dann sämtliche

Streitigkeiten, hinterher, ruhiger ab. Er war sogar relativ ruhig, als ich mal eines Tages bei Ihr schlief. Er meckerte nur darüber, dass man das schon aufgewärmte Badewasser (Es war noch eine Wohnung mit Badeofen) wohl zu ficken benutzen würde. Aber daraus machten wir uns nichts. Tage später versuchten wir Ihre Habseligkeiten aus der Wohnung zu bekommen. Doch da wieder ein Problem. Wie sollte man ohne Auto, oder ohne Führerschein das Zeug wegschaffen? Schließlich kam uns die Idee im nächsten Kaufhaus nachzufragen, ob die zufällig mal einen Rolli (Palette mit 4 Rädern dran) verborgen könnten. Was dann auch klappte. Heike kannte die Frau des Tante Emma Ladens. Wir bekamen sogar noch Packfolie mit dazu. Dann ging's los. Alles was auf so ein Rolli drauf passte, der ca. 1,50 m hoch ist, wurde von uns dann per Hand, ca. einen halben Kilometer weit, aus der Wohnung raus bis zur Straße der Pariser Kommune, geschoben. Wir sahen aus wie die Ausländer, welche immer in den Mülltonnen rumkramen und wohl besonders viel Glück gehabt haben mussten, beim Suchen. Nichts desto trotz, die Sachen waren irgendwann mal alle da, jetzt ging es um die Möbel. Hier kam uns ein EX vor dem EX, mit ein paar Kumpels, zur Hilfe. Er mietete sich relativ günstig einen Laster. So bekamen wir schließlich sogar eine schön, schwere Vitrine in die neue Wohnung. Aber dieser Wohnsitz sollte nicht der Letzte sein.

Kapitel 15 (Berlin 5)

Die neue Wohnung war kein Vergleich
zu dem, Schimmel befallenen, Altbau,
aus dem Heike kam. Sie hatte
Zentralheizung, eine Küche mit
Durchreiche und wesentlich größere
Zimmer. Sie hatte zwar ein
Durchgangszimmer, aber das störte
nicht weiter, da man dies als
Esszimmer benutzen konnte. Ich hatte
sogar Platz für meinen Computer. Hier
wohnten wir eine Zeitlang, machten
sogar eine Strangsanierung mit(D.H.
Duschen und auf Klo gehen in einer
Baracke vor dem Haus) und zuletzt
lernte man sogar eine Familie kennen,
woraus eine langjährige Freundschaft
wurde. Nach all den Jahren haben wir
heute noch Kontakt. Es war eine
Familie mit 4 Kindern. Der Mann, ein
etwas pummeliger Typ, war ruhig und

gemütlich. Die Frau dazu, war hübsch und hatte manchmal ein etwas einnehmendes Wesen. Sie wusste was Sie wollte. Dass diese Beziehung, durch Sie irgendwann in die Brüche gehen sollte, hatte ich nicht gedacht; aber das kommt später.

Trotz dem war die Familie, damals, in Ordnung. Wir haben viel Spaß zusammen gehabt. Dann zogen wir, auf Gutheißen dieser Freunde, in die Frankfurter Allee. Hier bekamen wir eine Wohnung mit großer Essküche, viel Lärm von der Hauptstraße, und etwas kleinere, vier Zimmer. Na ja, und unsere Freunde bekamen eine Wohnung genau über einem Mac Donalds. Dass man hier, auf dieser Allee, nur 3 Monate wohnte, kann man sich vielleicht vorstellen. Ich hatte zwar sogar einen Job, bei Real-Kauf in der Computerabteilung, bekommen;

demnach betrug der Arbeitsweg genau 3 Minuten, aber der Lärm, die Abgase und ewigen Demos der Linken brachten uns auf die Palme. Deshalb zogen wir, wieder Mal, um.

Diesmal landeten wir in Lichtenberg, auf dem Anton Saefkow Platz. Hier wohnten wir in dem großen 21 stöckigen, Hochhaus, in der 20. Etage, mit wunderbarem Blick auf den Park und bei klarem Wetter, auf ganz Lichtenberg - Hohenschönhausen. Doch auch hier war es uns nicht vergönnt, länger als drei Monate zu wohnen. Die Miete stieg dermaßen rapide, dass wir diese nicht mehr halten konnten und wieder umziehen mussten. Es verschlug uns dieses Mal nach Lichtenberg, in die Gensinger Straße. Hier hatten wir durch eine Wohnungsbaugesellschaft eine Wohnung, aus den Restbeständen der

Gesellschaften bekommen, welche im Gegensatz zu Anderen vergleichsmäßig günstig war. Ich muss nebenher mal anmerken: Es ist Scheiße umzuziehen. Man bezieht eine neue Wohnung, macht alles vom Feinsten, aber die Kosten berechnet man nicht. Zu mindestens nicht wir. Wir hinterließen immer 3 Monatsmieten (Wir hatten nicht das Geld, noch 3 Monate, volle Miete, für eine alte Wohnung zu bezahlen), was uns jetzt, an Hand von Schulden, „zu Gute" kommt. Außerdem: Die ewige Umschulung der Kinder. Dadurch werden die schulischen Leistungen auch nicht besser.

Nachdem der Job in Real-Kauf dann auch Essig war, bekam ich einen Neuen, als Netzwerkadministrator eines berühmten Filmstudios Namens: Senator Film AG. Sie waren bekannt geworden durch den Film Marlene'. Hier arbeitete ich, erfolgreich und sehr gut verdienend, in einem 4 - Serverbetrieb mit 80 Klienten.

> *Ich sollte mir selbst in den Arsch treten: Die Arbeit hab ich, auf Grund von Faulheit, aufgegeben. Ich hatte keine Lust mehr auf Überstunden! Heut zu Tage würde man sich die Finger nach solch einen Job lecken!! Was soll's.*

In der Gensinger Straße wohnten wir, bis man wieder mal auf die Freunde hörte und umzog. Sie hatten berichtet, dass es in Hellersdorf noch bessere und günstigere Wohnungen geben sollte; Sie wären dort schon hingezogen, würden sich dort pudel wohl fühlen. Auch die Schulen sollten dort besser sein. Und? Was macht unsere Familie: Sie zieht hinterher. Also hieß es nach drei Monaten Lichtenberg, abhauen nach Hellersdorf. Dabei hatte ich mir hier eigentlich ganz wohl gefühlt. Doch wir wollten ja den Freunden näher sein. Gesagt getan, wie bewohnten fortan eine 4 – Raum Wohnung in der Carola – Neher Straße. Doch hier hatten wir Probleme mit einer Frau über uns. Die ließ solange Ihre Kinder auf unseren Köpfen rumtrampeln, bis es uns reichte und wir nach drei Monaten, wieder die Wohnung wechselten. Ganz schön bekloppt was? Nichts gegen Kinder, aber man kann sie auch ein Wenig im Zaum halten.

Diesmal zogen wir ins Nebenhaus. Doch, warum sollte man hier länger als drei Monate wohnen? Hier hatten wir wieder Pech. Ein „ausländischer Mitbürger" trampelte wie eine ganze

Elefantenherde; und das mit Absicht.
Nachdem man anfangs, wie schon bei
der Frau, freundlich darum gebeten
hatte, etwas leiser zu gehen, weil man
ja schulpflichtige Kinder hatte, oder
arbeiten musste, endete der Streit,
mit diesem Bürger dann damit, dass er
mich mit einem Vorschlaghammer
bedrohte. Es kam zu wüsten
Beschimpfungen wie „Nazi-Sau"
(wegen meiner kurzen Haare) mir
gegenüber und „Ausländerschwein"
von uns, gegenseitigen Anzeigen und
schließlich zu einem Auszug
unserseits. Wieder mal. Was sollte
man tun? Würde der Typ einen von
Uns irgendwann verletzen, so
jähzornig wie er war? Und so was hat
auch noch 2 Kinder. Die Armen! Wir
hatten uns eine weitere Wohnung in
Schönefeld angeschaut, und diese
dann auch genommen. Unsere

befreundete Familie übrigens auch. Sie bekamen eine Wohnung ein Haus weiter. Unsere war wieder eine schöne 4 Zimmerwohnung, komplett saniert und mit amerikanisch geschnittener Küche. Hier nahmen wir uns vor nicht auszuziehen, egal was kommen würde. Also verbrachten wir ca. ein Jahr hier. Alles war in Ordnung. Ich bekam einen neuen Job in einem Kopierladen, in dem ich übrigens gerade jetzt sitze und an diesem Buch schreibe. (Da gerade mal ein paar Minuten Zeit sind.)

Doch dann, meinte es das Schicksal schon wieder nicht gut mit uns: Auf einem, in der Nähe gelegenem Parkplatz, tummelten sich zur Sommerzeit die Jugendlichen. Dort soffen sie wie die Löcher. Am nächsten Tag konnte man Haufen von Bier – und Schnapsflaschen bewundern. Es kam soweit, dass Sie in der Nacht lärmten, vor unserem Haus herumlungerten und schließlich Stunk anfingen. Wir hatten unser Schlafzimmer genau unter dem Hauseingang. – Wie häufig sind wir runtergegangen und haben für Ruhe gesorgt; freundlich – Dann langte es uns. Erst habe ich gesagt, nein gebettelt, trotz des Kraches nicht wegzuziehen, doch dann kam ein Angebot, von unseren Freunden. Sie hatten schon vorher die Schnauze voll, und sind nach Strausberg (Märkisch Oderland) gezogen. Sie erzählten uns von einem Haus, mit 6 Zimmern und sehr günstiger Miete. 550 € kalt. Aber eigentlich wollten wir denen nicht schon wieder hinterher ziehen. Der Plan war eigentlich, in eine Wohnung nicht weit von uns, sogar mit Dachterrasse, zu ziehen. Doch, dann kam auf einmal die Mitteilung, dass

wir dieses Haus kriegen könnten so
schnell, dass wir uns um entschieden.
Alles dachte nur an das schöne
Reihenmittelhaus mit kleinem Garten
dran. Es war ja auch schön. Ich hatte
endlich mein eigenes Büro, die Kinder
hatten jeder sein eigenes Zimmer, es
gab ein großes Wohnzimmer mit
Esszimmer dran, wo man hätte
Lambada tanzen können und eine
riesige, schon eingebaute Küche; alles
vom Feinsten. Was soll man schon
sagen: Hier haben wir Drei Monate
gewohnt. Die Miete war auf Grund der
Nebenkosten so hoch, dass wir sie
nicht mehr halten konnten. Wir
bekamen zwar Wohngeld, aber das
reichte lange nicht aus. Außerdem war
die Frau, unserer Freundschaft
fremdgegangen, so dass die
Beziehung, wie ich schon schrieb, in
die Brüche ging. Nur die Kinder taten

mir leid. Sie kamen ins Heim und der Mann seilte sich dann, mehr oder weniger, von uns ab. Also wen hatten wir hier noch, der uns hielt? So zogen wir wieder um. Zum 10. Mal glaub ich. Dieses Mal ohne Freunde. Es ging wieder zurück nach Berlin Lichtenberg, in die Nähe des Anton – Saefkow Platzes. (Eigentlich hätten wir auch gleich hier bleiben können!?)

Es ist bis jetzt immer noch, die Wohnung einer Lichtenberger Genossenschaft. Wir schaffen es bis jetzt schon fast ein Jahr hier zu wohnen. Wird langsam Zeit, umzuziehen; glaube ich.

Können Sie sich vorstellen, dass Hunde Holzkeile klauen? Unsere Ladentür wird immer mit einem Solchen offengehalten. Ich will eben gerade ein bisschen Luft hineinlassen; da ist der Keil weg. Ich denke mal, der Dackel unserer Stammkundin war das! Sie war vor nicht allzu langer Zeit hier gewesen, mit Ihrem Hund. Davor war der Keil noch da! Ich erinnere mich das ich mit diesem die Tür offen gehalten hatte an diesem Tag.

Ich wird mal das FBI mit einer Spurenanalyse und Speichelprobe des Hundes beauftragen ;)

Abschluss und Ende:

Mit Heike bin ich jetzt 13 Jahre zusammen. Ich überlege ob ich sie heirate. Sie möchte ja unbedingt. Die Große Tochter ist jetzt 19 und Mutter. Am 8.6. diesen Jahres war es soweit.

Die kleine *Lea* wurde geboren. Ein süßes Ding; nur das der Vater sich nicht drum kümmert, das Arschloch. Melanie ist 21 und auch aus der Schule raus. Sie absolviert gerade eine Lehre als Kellnerin. Mal sehen wie das Alles so weitergeht. Na ja, in dem Shop, in dem ich jetzt schon fast 4 Jahre arbeite bin ich hineingewachsen. Die meisten Kunden kennen mich schon und begrüßen mich freundlich.

Fazit meiner Geschichte: (Ist zwar ein blöder Spruch) *Es ist nicht alles Gold was glänzt,* aber irgendwie ist da was Wahres dran. Ob ich es irgendwann mal zu Etwas bringen werde? Ich glaube fest daran. Ich habe noch große Pläne...

FAST ENDE ***

Eine Abenteuerreise um die Welt:

In Kuba beobachte ich wie Fidel Castro wieder mal Menschen deportieren lässt **toll!**

In Bangkok sehe ich mir **mit größter Hingabe** den Kinderstrich an,

gelangweilt durchstreife ich die Straßen von Bagdad: Zerfetzte Körper von Kindern und Frauen,

Fasziniert beobachte ich wie vor mir am Eifelturm in Paris eine Autobombe gezündet wird,

Begeistert bin ich auch von den zerrissenen Türmen des World Trade Centers,

Das **besondere Highlight** der Reise: Eine Vergewaltigung Direkt vor meinen Augen,

und dann... nehme ich **hingerissen**, an der Geiselnahme, der Kinder aus der Schule, teil.

Gott ist das Spannend!

Vollkommen ausgeruht und entspannt kehre ich wieder nach Hause zurück – Noch nie verlebte ich einen **so** **schönen** Urlaub!!

JETZT ENDE ***

Herstellung und Verlag:
BoD – Books on Demand, Norderstedt
ISBN 978-3-7322-7975-3